森好·南京

时光印记

The beauty of Nanjing

阿橌 著绘

南京出版传媒集团
南京出版社

图书在版编目（CIP）数据

时光印记 / 阿槑著绘. -- 南京：南京出版社，
2016.9
（槑好南京）
ISBN 978-7-5533-1528-7

Ⅰ.①时… Ⅱ.①阿… Ⅲ.①风景区—南京—通俗读
物 Ⅳ.①K928.705.31-49

中国版本图书馆CIP数据核字(2016)第222904号

书　　名：时光印记
作　　者：阿　槑
出版发行：南京出版传媒集团
　　　　　南 京 出 版 社
社址：南京市太平门街53号　　　　邮编：210016
网址：http://www.njcbs.cn　　　　电子信箱：njcbs1988@163.com
联系电话：025-83283893、83283864（营销）　025-83112257（编务）

出 版 人：项晓宁
出 品 人：卢海鸣
责任编辑：崔龙龙
　　　　　朱天乐
装帧设计：阿　槑
责任印制：杨福彬

排　　版：南京新华丰制版有限公司
印　　刷：南京顺和印刷有限责任公司
开　　本：700 毫米 × 1000 毫米　1/16
印　　张：10.5
字　　数：300 千字
版　　次：2016 年 10 月第 1 版
印　　次：2024 年 3 月第 6 次印刷
书　　号：ISBN 978-7-5533-1528-7
定　　价：39.00 元

用微信或京东
APP扫码购书

用淘宝APP
扫码购书

时光
刻画出城市的年轮
无论多久
这里的
每一景，每一物
都是那么与众不同

闲话阿栄

十年前，南京荧屏上刚刚出现我的方言节目《听我韶韶》时，片头就是一个秃头秃脑、呆头呆脑还满嘴络腮胡子的老吴形象，跌跌撞撞从中华门里跑出来，然后公交车从我脑门上呼啸而过——这就是本书作者金立峰为我设计的第一个动漫形象，也是至今我认为设计最好、且为广告商广泛运用最多的一个头像。尽管我的妻子不大喜欢这个形象，说把我头发画得太稀太少、人画得太土太老，而且就这个倒霉样子怎么还一出门就给汽车轧了？所以她多次叫我到电视台去把这个形象换掉，最好画个像刘德华、胡歌那样英俊潇洒的才好。但我尊重作者原创，一直没去电视台抗议，任它沿用至今。并且这个形象后来连同我的商标被许多人注册，且转手卖了数十倍的好价钱。我也始终没向金立峰先生提及这个小小的插曲。

我觉得，他的漫画真的很好。线条粗犷，重在神似。那个呆头呆脑的形象，颇有几分"南京大萝卜"的神韵，符合南京人宽厚、善良且略带几分粗鲁刚烈的气质，准确说，入木三分，画到我骨子里去了（有点儿王婆卖瓜，自卖自夸的意思了）。认可漫画，这便认识了漫画作者本人金立峰，一个小我20岁的年轻人。如果说我是老南京，他就是一个小南京了。七〇后人，从小生活在老城南，只不过我是老门东，他是老门西。他说他打小喜欢南京，每天路过上浮桥去升州路小学读书，弓箭坊的市井叫卖声，不绝于耳；彩霞街的酒酿小担，清脆的竹梆回味悠长……放学了，和同学在深街小巷里躲猫猫，柳叶街头的斑驳夕照，秦淮河上的微微熏风，都让他陶醉不已！2000年，

南京城大拆大建，看着一片片他熟悉的老宅民居不断消失，他的心像猫抓一样。他觉得他应该为生他养他的家乡做点什么，为渐行渐远的老城南留下点往日的印象。于是，他举起手中的相机，争分夺秒地拍摄那些即将消逝的景物，他用他最熟悉的艺术方式——漫画，重新还原老城南渐行渐远的风土人情。

用情十年，珠胎暗结。2010年，他用照相机，留下了近千张拆迁老宅的图片；也用他的生花妙笔，创作出了阿槑的艺术形象。他以阿槑为主人公，制作了几十个动画短片和上千幅动漫插画，渐次在国内、国际画展上亮相，连续两年获得南京"金梧桐"文化创意大奖。阿槑也通过了南京重点文化项目的评审，阿槑荣获新浪江苏幸福大使。所以，今天他就以阿槑为串联，创作了这套《槑好南京》。

朱自清说过，逛南京城就像逛古董铺子，俯拾皆是时代痕迹。打开金立峰的《槑好南京》，就像一头钻进老城南的寻常巷陌，夫子庙的秦淮小吃，水西门的盐水鸭，莲子营的糖粥藕……琳琅满目，四季知味。假如你吃饱喝足，还想知道一下这些美味的历史，那你就翻开书页，继续沿着尚未拆迁完毕的残墙破瓦走进去，他会告诉你，白鹭洲名字的由来，总统府那只不系舟为何没有漂走，中山陵的美龄宫为什么像水滴吊坠，徐达后花园里那神奇的一笔"虎"字又是哪个人的大手笔……如果你逛上兴来，继续在时光隧道徜徉，那老南京的正月初二回娘家、正月初三老鼠娶亲、正月十八才落灯……这些千百年的风俗像一幅幅慢慢展开的历史文化长卷，上面印满时光足迹：你会知道，为什么南京人正月里头不剃头，为什么二月八就冻死老母鸭；你会吃惊地发现，我们的老祖宗，几百年前就懂得现代养生之道，"南京人，不学好，一口白米一口草"……于是你在恍惚中，觉得面前打开的不是一本书，而是一桌美轮美奂的街巷小吃，咀嚼美味时，分明又品尝了历史的味道，在回味中你又惊喜地发现，这就是你成长的深厚土壤，是裹挟你一辈子的乡风乡俗！

这么厚重的一套书，金立峰居然相中了我，请我帮他写个序。代人写序本就是件难事，好比出差，不晓得是男是女，头大头小，人家就托你帮忙买顶帽子；更难的是，这本书开头的第一个字："槑"，就难倒了我。这两个呆呵呵并肩而立的呆子是个什么字？二呆，还是二胡？幸好金兄并非有意为难我，告诉我读"Méi"，他创造的这个阿槑就是一个和他同龄的南京70后、80后的缩影，一个城南长大的孩子。可我看这个呆呵呵的大头宝宝，怎么看怎么像画他自己。而且这个"槑"字到底是什么意思啊？偷偷去网上查一查，原来就是梅花的"梅"字古体。哦，我明白了，因为南京的市花就是梅花，所以金兄选了这么生僻的一个古字，显得很有学问，也还说得过去。可是，汉字讲究象形，毕竟是两个呆子站一起，还勾肩搭背的，成何体统？我凝视着这个"槑"字，脑海里滑稽地浮出"两个呆子鸣翠柳，一行白鹭上青天"的诗句来，不伦不类，还有些尴尬；再回过味来想一想，白鹭洲畔两个痴迷于南京文化的呆子并肩而立，一老一小，或苦思冥想，或仰天浩叹——咦，这个字倒真有几分像我和他的形状嘛。

吴晓平

2016年8月31日

目 录

中山陵

说起"中国近代建筑史上第一陵"的中山陵，阿槑光小学春游就来过好多次。

1912 年，孙中山先生辞去临时大总统职务之后，到紫金山打猎，看到这紫金山气势十分雄伟，就笑着说："待他日辞世后，愿向国民乞此一抔土，以安置躯壳尔。"所以孙中山先生去世后，就遵照他的遗愿，在紫金山建了中山陵。

博愛

【自由之钟】

中山陵可不只是简单的几座建筑组成，如果你从空中俯瞰，就会发现，整个中山陵就像一座平卧在绿绒毯上的"钟"，寓意自由之钟。阿槑后来得知，建造成"钟"的形态，是有"唤起民众，以建民国""警钟长鸣"的意思。

【博爱坊】

博爱坊算是中山陵的标志，游客也都喜欢在这里驻足拍照留念。横眉上"博爱"二字是孙中山亲笔手书。也因为这样，南京又被誉为博爱之都。

现在大家看博爱坊气势恢宏，当年在建造的时候，还发生过一件祸事。当时建造博爱坊的石匠，在取料时疏忽大意，将石柱给凿短了约一米。当局要严办渎职者，而孙科得知此事后说："为父造陵，不能杀人。"在后来的施工中，石匠虽然设法补救，不过你仔细看，还是能发现博爱坊西边第二根石柱子的接顶上端，有拼接的痕迹。

【百级台阶】

中山陵最有名的百级台阶，阿槑每次爬都得气喘吁吁的，其实这百级台阶很有讲究。这百级其实总共有 392 级，这个看似很奇怪的数字，其实是暗喻了当时中国的三亿九千两百万同胞。一次性爬 392 级台阶肯定费力，所以设计者又将这台阶分成了 10 段，有 10 处平台，每一段的台阶数量都不一样，寓意也不同。

比如，从碑亭到祭堂，共有 339 级台阶，象征着 339 名国民党参众二院议员，寓意每人作为一级台阶，将中山先生的精神发扬光大，其中的 9 寓意九州大同，中间的 8 个平台象征着三民主义五权宪法。

这里还有个神奇的现象，站在中山陵台阶下向上仰视，你是看不到台阶的平面的，这代表的是革命道路的曲折艰辛。而你站在顶处向下看，又看不到台阶的立面，寓意孙中山先生有着开阔的眼界。还有，站在顶层，打开指南针，你会发现中山陵坐北朝南，正南方向，可是块风水宝地。

【铜鼎】

沿 着中山陵那长长的石阶梯攀至第六层平台，平台左右两侧置放着一对巨大的仿古铜鼎，正面刻着"奉安大典"四个篆字，这对铜鼎是当时的上海特别市政府为纪念孙中山先生的葬礼而捐献的。小时候的阿槑曾傻傻地往里丢过硬币许愿。

令阿槑印象深刻的是铜鼎上的弹孔。当年的日寇侵占南京时，用两发流弹在西侧一铜鼎上留下的"罪证"——铜鼎东南一侧的腹部，弹孔有碗口大，周围锃亮如初，如同不能愈合的伤疤。

据说1946年还都时，铜鼎曾挂过一块铜牌，上刻"日本侵略者破坏孙中山先生文物的罪行"字样，现在这警示牌已经没有了，不过这只铜鼎足以证明日寇侵华的罪行。

【坐像之谜】

每 一个到中山陵的游客，都会在祭堂拜谒孙中山先生的汉白玉大理石坐像，这尊坐像是在法国巴黎制作的，庄严肃穆。

其实这尊雕像，是在孙中山先生安葬到中山陵一年以后，才制作完成的。其间也是一波三折，包括应该穿中山装还是长袍马褂就讨论了很久，宋庆龄支持前者，而蒋介石支持后者。最终还是取了一个折中的办法，祭堂里的坐像穿长袍马褂，而内室里的卧像就用了中山装。

如果仔细看这尊饱经岁月沧桑的雕像，会发现他的右手是不完整的，小手指断掉了。这也是1937年日军占领南京时，被日军破坏的。

小贴士
出于安全因素考虑，一般不开放墓室，只在重大节庆日开放。

【隐于市的钟山书院】

静谧、安宁、舒缓，这是踏进钟山书院时的感受，参天大树、修建得当的花坛、清澈的小溪、古典的小桥……每一处仿佛都透露着恬静的气息。这里几乎没什么游客，和外面的景区大路不同，非常的僻静。这里主要是纪念孙中山先生生平的地方，学生和学者们可以在这里进行学术研究和文化交流。

在中山书院的前院里，有一尊孙中山先生的铜像，这是孙中山先生的日本友人梅屋庄吉先生在 1932 年赠送给中国的四具铜像之一，其他三尊分别赠送给了广州黄埔军校、中山大学以及中山市的孙中山故居。

【音乐台的声响】

这 里以前是进行演讲和表演的场所，其半圆形设计同北京回音壁有异曲同工之妙，台阶下的池水是天然积水，终年不涸，能够增强乐坛的音响效果。站在台上有种俯瞰全场的领导范儿。音乐台又被称为"鸽子广场"，这里有上百只白鸽和人类亲密接触！电影《建国大业》的镜头里，有一个蒋介石与儿子蒋经国在音乐台谈心的画面，百只白鸽振翅飞翔，场面壮观。其实，白鸽是在1990年才引进的。

　　值得一说的是，如果是春天来到音乐台，那将会看到这里最美的一面——紫藤花开。旁边的长廊上，婉约的紫藤弥漫整个长廊，蜿蜒层叠，幻化成淡紫色的阴凉。带上小伙伴，带上野餐垫，坐在音乐台的草地上，沐浴春日的暖阳，这滋味儿，是阿槑的最爱啊。

【最美水景流徽榭】

春日玉兰，夏日白莲，秋日红叶，冬日映雪山茶，流徽榭算是中山陵内最美的水景了。身处湖心亭，就觉得空气中凝结着一种静谧与闲适。

其实，原来这里只是一条窄小的河沟，当年的设计者觉得这里地势很好，正好中山陵内又缺少水上景观，于是就将这里进行了人工开凿，栽种了四季可观的植被。湖旁的那片草地，一年四季变换着颜色。阿槑喜欢和小伙伴们，在湖边支起帐篷，看看书、打打牌，享受难得的慵懒时刻。

【永慕庐里藏着秘密】

中山陵里，每一处建筑的名称都有讲究和说法，但是唯独这"永慕庐"没有什么记载。正规文件里，永慕庐是孙中山家属守灵的地方。有趣的是，宋庆龄却从来没有来过，但孙中山的子女孙科等人倒是在这里商议过奉安的事宜。传言，这名字可能与孙中山的原配夫人卢慕贞有关，前两个字反过来即是"慕庐"，贞字本身就是忠诚的意思，就换成了"永"字。而孙科是卢慕贞的儿子，自然在建楼时带入了自己生母的寓意。

【蒋介石原来想葬这里】

中山陵园里的紫霞湖是一个人工蓄水池，南京人夏天最喜欢到那里避暑纳凉，以前这里是可以下水游泳的，不过后来这里每年都会有人溺亡，所以紫霞湖现在就禁止游泳了。

作为中山陵园里的清洌湖景，这里绝对称得上"湖光山色美如画"，不然蒋介石当年也就不会选这里作为自己死后安置的地方。而且，为了防止别人占用这块地，还特别在这里盖了一座"正气亭"，美其名曰要时刻遥望孙中山先生，紧随先生的脚步。原先"正气亭"这三个字是蒋介石亲手写的，还附赠了一副对联"浩气远连忠烈塔，紫霞笼罩宝珠峰"。

在紫霞湖东面，一眼望过去是片茂密的树林，但其实里面隐藏了一个鲜为人知的东郊国宾馆，代号：9号招待所。毛泽东主席在新中国刚解放时和晚年的时候曾经在这里住过，周恩来和刘少奇还有很多其他领导人也都在此住留过。

正气亭

天池

13

【倾城之恋美龄宫】

如何向心爱的人，用最罗曼蒂克的方式表达自己的爱意？戒指？项链？玫瑰花？来看看蒋介石的宠溺手段吧。

美龄宫是蒋介石送给宋美龄的远东第一别墅，原名叫"国民政府主席官邸"。深秋时节，从天空俯瞰，就会发现，府邸四周第一层金色的法国梧桐犹如一段弧形的项链；第二层环型山路上的金色梧桐，形成了一颗硕大的水滴吊坠；绿色琉璃瓦覆顶的美龄宫，在梧桐的环抱下，恰似一颗镶嵌在吊坠中央的绿宝石。这个项链应该算是世界上最大最昂贵，也最有心意的项链了吧。

不过也有人说，这座府邸从选址到装潢都是宋美龄一手操办，中间还因为经费的问题调停了很多次。不过，无论事实如何，这个美丽的"绿宝石"始终镶嵌在了紫金山上，传递着浪漫。

美龄宫的琉璃屋顶上，雕刻着一只多个展翅的凤凰，屋檐下还绘了一排展翅的凤凰，阳台上还有 34 根雕刻了凤凰的白玉栏柱，这么多凤凰图让很多人又把美龄宫称为"凤宫"，而且 34 根栏柱正好与宋美龄的生日 3 月 4 日相对应，所以阿霖不负责任地猜想，这可能是蒋介石送给宋美龄的一份生日大礼吧。

美龄宫内景

【林荫大道】

来到南京，入眼最多的行道树就是法国梧桐，以至于让很多人以为，南京的市树是梧桐树，但阿槑要告诉你，市树其实是雪松。

民国初期，南京没有什么梧桐树，直到孙中山先生逝世后，为了迎接灵柩，在通往陵寝的大道两旁，种了 1007 棵法国梧桐，这便成了南京最早的行道树。

参天蔽日的法国梧桐，即使在炎炎夏日漫步其中，也能感受到自然的清凉，所以很多骑行者会选择这里进行骑行锻炼。中山陵的复古游览小火车也会经过这里。春夏秋冬，颜色各不相同，能够欣赏到不一样的美景。

明孝陵

【龙脉在这里】

朱元璋曾在佛门修行，对阴阳风水都有了解，所以对陵寝的选址格外重视。南京风水最好的地方，就是被一代又一代的帝王称为"龙脉"所在的紫金山了。在这龙脉上，一共埋葬了九位帝王。

相传，朱元璋曾经召集心腹大臣刘伯温等四人一起来紫金山选陵寝位置。四人不约而同都写了"独龙阜"。毫无疑问，这里被选为朱元璋和马皇后百年之后的合葬之处。从此，紫金山上一大片地区都是皇家禁区。

风水释义

古代帝王陵墓都讲究"因山为陵""天人合一"。紫金山被视为"龙蟠"之地，在风水上再合适不过了。朱元璋选择在钟山的南面建造自己的帝陵，在钟山的北面陪葬了十三位开国功臣，让自己的臣子在死后也护卫着自己。

而陵宫的四个方向，不同高低的山峰对应着左青龙、右白虎、前朱雀、后玄武的风水"四象"。最难得的是，孝陵的三道"御河"都由左向右流淌，这在风水上称"冠带水"，庇佑后代人才辈出，也可以吸引贤德之士聚集，朱元璋真是选了块风水宝地啊！

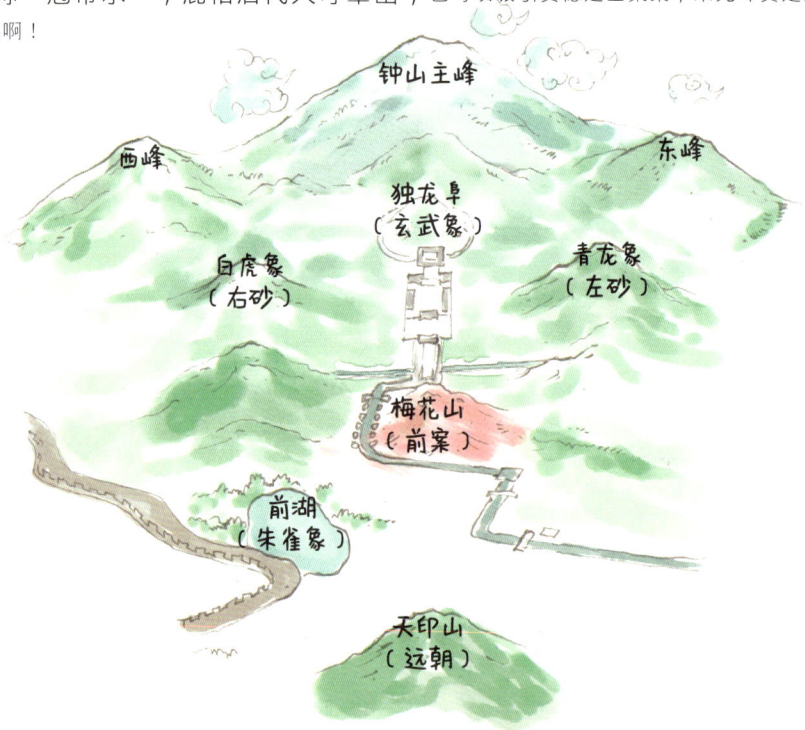

钟山主峰

西峰　　　　　　　　　　　　　　东峰

独龙阜
（玄武象）

白虎象
（右砂）

青龙象
（左砂）

梅花山
（前案）

前湖
（朱雀象）

天印山
（远朝）

【禁约碑趣事】

二龙戏珠

进入明孝陵不久，就能看到一块巨大的碑石，碑顶上雕刻着繁复精美的二龙戏珠图案，碑体上刻满了禁止损坏陵墓的注意事项，这就是禁约碑。

这块禁约碑数百年前可是非常严肃的。当时明朝早已迁都，皇陵年久失修，很多树木都枯死百年，无奈之下，崇祯在此设立了这块禁约碑，要保护先祖和功臣们在此安息。

禁约碑上刻有警示和禁止性的律法公告，有很强的警告性："……今后大小官员军民人等，敢有仍前不法，故违明禁者，印据实指参，按律处以极刑，决不轻贷。昭告中外，咸使闻知。"

如今岁月流逝，这块禁约碑早已不是警示的公告，而它依然屹立在明孝陵前，看游客往来，岁月变迁。

【四方城】

大明孝陵神功圣德碑亭

明孝陵神功圣德碑亭，因为它是一个四四方方的建筑，南京人都叫它"四方城"。四方城是进入明孝陵后看到的第一个建筑，也是同类型建筑里最大的一个，四面都有券门，里面一个赑屃驮着一块巨大的碑石，这块碑石就是"大明孝陵神功圣德碑"，是明成祖朱棣为了纪念他父亲明太祖朱元璋的功绩而树立的。碑文记录了朱元璋的生平功德。

四方城四周的城墙古老，植物郁郁葱葱，每到夏季阿槑来到这里，清爽的风贯穿四方城而过，四周寂静唯有蝉鸣清脆，让阿槑觉得明孝陵静谧而庄严。

龟趺流泪

　　2004 年的时候，明孝陵里发生了一件怪事，四方城里的龟趺流泪了！两条明显的水痕从赑屃的眼睛里流出，顺着它昂起的颈脖往下流淌，一直流到腹部。这只龟趺站在四方城里已经有六百多年，加上明孝陵这块风水宝地，说不定已经颇有灵性，是一只"灵龟"了。

　　传说四方城的大石碑原来是由两头龟趺驮着的，所以有"两龟驮一碑"的说法；两只石龟都有灵性，轮流值白班和夜班。每天一到夜晚，一只龟驮碑，另一只就去找吃喝，天亮前再爬回来。结果有一次，一只石龟下山时误喝了人间的污水，导致灵性尽失，无法再爬回四方城，所以现在只剩下了一只。不信，你到美龄宫左边的三岔路口，就能看到那只失灵的石龟蹲在干涸的山沟里呢。

　　现在这只仅剩下的龟趺静静流泪，不知道它是不是思念数百年前的同伴了呢？

宝城
享殿
陵宫门
金水桥
棂星门
望柱

石碑

【神道】

神道弯曲之谜

大多数陵墓的神道都是笔直宽阔的，而明孝陵的神道却是弯曲狭长的。阿槑听说过很多种解释，有的说是为了避开不远处的梅花山，让葬在梅花山上的孙权成为朱元璋的守墓人；有的说朱元璋出身草根，做事随性，连修建自己的陵墓都别出心裁。

直到近几年才发现其中玄机：从上空俯瞰明孝陵，是一个北斗七星图。朱元璋曾经作诗："天为帐幕地为毯，日月星辰伴我眠。夜间不敢长伸腿，恐把山河一脚穿。"看来朱元璋深信"魂归北斗""天人合一"，他死后仍想乘坐"北斗"这一"天帝之车"关照大明江山。

6种石兽寓意

在神道的东段，路两旁依次排列着狮子、獬豸(xiè zhì)、骆驼、象、麒麟、马6种石兽，每种2对，共12对24件。每种两跪两立，夹道迎侍。阿槑小时候很奇怪，为何单单选了这6种神兽来守护皇家陵园呢？原来这些选择里，都寓意深远。

狮子
百兽之王，显示帝王的威严，皇权的象征，有镇魔辟邪的作用

骆驼
沙漠与热带的象征，表示大明疆域辽阔，皇帝威震四方

獬豸(xiè zhì)
秉性忠直，明辨是非，能用角抵触有罪的人，象征司法"清平公正"

大象
兽中巨物，它四腿粗壮有力，坚如磐石，表示国家江山的稳固

麒麟
传说中的"四灵"之首，是披鳞甲、不履生草、不食生物的仁兽，象征"仁义之君"

马
在古代是帝王南征北战、统一江山的重要坐骑

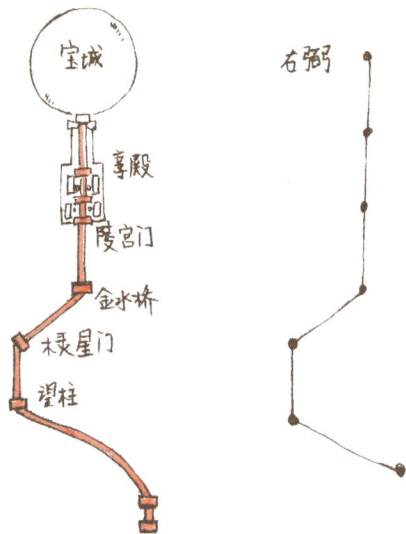

翁仲传说

翁仲在秦朝是宫殿的装饰品，后来专指陵墓前面及神道两侧的文武官员石像，成为祭祀文化中的代表物件。

传说，翁仲历史上确有其人。原是秦始皇时的一名大力士，名阮翁仲。相传他身长1丈3尺，相当于4米，力气异于常人。秦始皇令翁仲将兵守临洮，威震匈奴。翁仲死后，秦始皇为其铸铜像，置于咸阳宫司马门外。匈奴人来咸阳，还以为是真的阮翁仲，不敢靠近。于是后人就把立于宫阙庙堂和陵墓前的铜人或石人称为"翁仲"。

【孙权墓】

明孝陵前有座土丘，原名孙陵岗，是三国时吴大帝孙权的葬地，亦是南京地区最早的六朝陵墓。东吴开国皇帝孙权安眠于此。

朱元璋建明孝陵时，曾下令把明孝陵周边的墓冢全部迁移，然而孙权墓在明孝陵正南方仅300米，却保存完好。可见朱元璋心中对孙权也有一份敬意。

【梅花山】

梅 花是南京市的市花。梅花山因梅花闻名，山上植梅数千株，品种繁多，有"中国第一梅山"之称。南京种植梅花的历史始于六朝，至今已经有一千多年的历史。

　　每年初春探梅、赏梅是南京人的习俗。乍暖还寒时，阿呆呆一家人都会找一个阳光明媚的艳阳天，一起去梅花山游玩，看各种颜色的梅花渐变成一片绚烂的彩霞，云蒸霞蔚，在整个梅花山上空摇曳。

紫气的钟山

"镇山之梅"

南京梅花山最为珍贵的品种就是"别角晚水"，花瓣层层叠叠，最多可以达到 45 瓣，凑过去闻一下，浓郁的香气扑鼻而来。因为这种梅花开放时，花瓣边缘常有凹陷，所以又称为"瘪脚"，谐音就是别角，而它的花期又比较晚，花的颜色是水红色，所以就取名为别角晚水。这种美丽又特别的梅花，是梅花山的"镇山之宝"。

梅花山另外一种特色梅花，叫作双碧垂枝，这个名字听上去就透着一股小家碧玉的温婉。她的花苞、花蕾和枝干都为绿色，所以称为"双碧"，远望像一个绿色藤编而成的球，开满了洁白的梅花。

别角晚水

双碧垂枝

【明楼】

明孝陵的顶没了

明孝陵里的明楼，是明孝陵遗址内现存体量最大的建筑。清朝年间，太平军攻打南京，明楼的楼顶在战火中被毁。持续了有一百多年没有楼顶风吹日晒的日子，明楼被腐蚀得很严重。一直到 2008 年，才重新修葺。现在的明孝陵明楼，飞檐搭配着黄色琉璃，已然还原了当年皇家陵寝的威严。

此山明太祖之墓

沿着黑暗的甬道走到宝顶，就可以看见这七个字。别以为是哪位名人题字，这是民国时期，明孝陵工作人员老是被人问："这是不是朱元璋的墓？"被问得烦了，就刻下了这七个字。再仔细看第三个字的写法，不是工作人员写错，也不是印刷错误，"明"就是"明"，古体字，不是错别字哦！

紫气的钟山

灵谷禅寺

说 说南京有名的寺庙，阿槑觉得少不了灵谷寺。灵谷寺在中山陵的东边，一开始是南朝梁武帝为了纪念宝志和尚，在独龙岗兴建的开善精舍和宝公塔。后来明太祖朱元璋选定此处修建自己的陵墓明孝陵，并赐名"灵谷禅寺"，封为"天下第一禅林"，是明代佛教三大寺院之一。

宝志和尚传说

从灵谷寺西行，便可见到宝公塔。知道宝志故事的人可能不多，可说到济公，每个人都能津津乐道，济公的原型便是宝志和尚。

宝志7岁出家，始终默默无闻。年近花甲时，感觉像是通了慧根，变成了"预言帝"。齐武帝说他迷惑群众，就把他关进健康的监狱。然而他的预言总是很灵，且名声越传越大。宝志去世后，为了纪念他，便建了这灵谷寺。

【灵谷深松】

灵 谷寺旁有一座刻有"灵谷深松"四个大字的石碑。这座碑原是谭延闿的墓碑，上面刻有"谭公延闿之墓"等生平铭文。1949年以后，碑上的文字被磨平，换成了"灵谷深松"四字于碑上。

　　站在这里，林深泉幽，松柏林立，配这"灵谷深松"四字甚是恰当。

【灵谷塔】

在 1928 年，为了告慰在北伐战争中阵亡的将士，修建了灵谷塔。塔底层外壁石刻"精忠报国"为蒋介石题书。侧门分别是"成功"、"成仁"，后门为"有志竟成"。灵谷塔第二至八层的外壁，亦嵌石碑，但可惜的是，这些记录在 1949 年以后被人为地用水泥覆盖了。现在的灵谷塔二层到八层的 28 块石碑平坦如砥，空无一字，但依稀可以看见一些凿痕。

【断尾石兽】

断尾石兽

灵谷寺山门外的这对石兽，到底是哪种兽？阿槑觉得比较像老虎，但很多人说是狮子，你觉得呢？

现在的石兽没有尾巴，奶奶告诉阿槑，这是因为"文革"时，割尾巴就象征割掉了资本主义的尾巴。有些动物石像被割断的尾巴还留着，"文革"结束又接上了，中山陵上两个西洋石狮子就是后来接上的尾巴。

【无梁殿】

无梁殿前身是无量殿，供奉无量寿佛的地方，后来变成阵亡将士第一公墓。建筑采用全砖石结构，所以非常结实，也非常阴凉。殿内没有任何照明，只有大门和墙壁几个小孔透光，尽显安详与肃穆。四周墙壁上嵌有"国民革命军阵亡将士题名碑"110块，铭刻了33224位阵亡将士姓名。走进这里，心中会有种难以言说的情感涌动。

【八功德水】

—— 清、二冷、三香、四柔、五甘、六静、七不疴、八不餲馐，这就叫"八功德水"。相传，在梁朝时，寺院的僧人就用这泉水为人治病，所以这泉水的美名开始流传。北宋时，有个学士买了八块石板，在泉眼四周立壁建井，并建亭其上，以保"灵源之甘洌"。

【飞来剪】

宝志公墓附近，你可以寻到一个巨大的形似剪刀的铁器"飞来剪"，南京朝天宫也有，但至今不知用途为何，有的说是镇妖，有的说是起稳定用的基座。

相传，飞来剪"既呼镇土神，又呼窃米祟"。有专家推测，飞来剪其实是朱元璋的愚民道具，就像当年陈胜、吴广起义时所用的"鱼腹丹书"和"篝火狐鸣"伎俩一样，是为自己登基做铺垫的。

【名僧塔林】

南京作为古代的佛都，有很多高僧修行于此，灵谷寺一带更是高僧研修佛法的清净之地。古时，这里遍布多座石塔，后因战火，散落山林之间，现在能看到的只有4座。小时候，因为这里偏僻，树木茂盛，阿槑和小伙伴喜欢来这里捉捉昆虫，打发一下午的时光。

紫气的钟山

33

一年至少去四次紫金山

紫金山有个古老的名字叫钟山，现在南京的钟山风景区，都依托紫金山这根"龙脊"而设立。这片风景区不但风景名胜诸多，各有千秋，每一个都包含了南京城数千年历史变迁，而且四季风景不断变幻，每个季节都有不同的美景。

紫气的钟山

春

夏

秋

【中山植物园】

中山植物园是以孙中山先生的名字命名的，是我国第一座国立植物园，全国三大植物园之一，是呼吸新鲜空气和踏青纳凉的好地方。游客们总是不经意间就走入一片花海。因为风景优美，还常有新人在这里拍婚纱照。枝繁叶茂、繁花似锦，一年四季都有不同的景色。

中山植物园里不仅仅植物繁多茂盛，各种小动物和昆虫也在这片城市中的绿洲里生活得很惬意。阿槑喜欢独自来植物园走走，一路认识些新的植物。走累了，就在湖边坐坐，看着河里鸭子悠闲地游来游去，心情也放松了很多。

【天文台】

紫金山天文台是中国建立的第一个现代天文学研究机构，被誉为"中国现代天文学的摇篮"，代表着中国现代天文学研究的开始。紫金山天文台有我国现存的口径最大的施密特望远镜，是国内性能最好的探测器之一。别小看它，它可是保护地球不受其他小行星伤害的卫士！

　　紫金山天文台更是一个天文博物馆。新建的陨石博物馆科普了许多天文知识，天文台的民国建筑保留了下来，让这里很有历史的气息。从天文台的观景平台，能够俯瞰整个南京城，视野开阔，让人不禁有一种"会当凌绝顶，一览众山小"的豪迈心境。

地震仪

浑天仪

【头陀岭】

头陀岭是紫金山的第一高峰，因为山岭上有座头陀寺而得名。紫金山索道的终点就在这里。这里地势险要，历代不少帝王将相、文人墨客来此寻幽探胜，留下了许多珍贵的遗迹。登岭远眺，古城南京万千气象、沧桑巨变尽收眼底。

铁秋千

紫气的钟山

"铁秋千"，那是南京人的叫法，就是因为它是露天的索道设计，四周没有遮挡，坐在上面又刺激又新鲜，脚都能碰到山上的树木枝丫。可惜"铁秋千"停运重新改造了。等重新运营后，我们熟悉的"铁秋千"就不复存在了，但是它是南京人心中不能抹去的一段美好记忆，陪伴着一代人的成长。

紫金山栈道

紫金山栈道蜿蜒在紫金山南麓，盘踞在琵琶湖畔，随地势错落有致。栈道两边是郁郁葱葱的绿树竹林，空气清新，所以又有人称它是竹林栈道。紫金山栈道非常受市民欢迎，是爬山锻炼的好地方。阿槑有时间也跟爸妈早上来栈道锻炼，两边绿竹触手可及，空气格外清新凉爽。

夫子庙风情

阿槑这样的老城南居民，对夫子庙再熟悉不过了。

一千多年前东晋的时候，这里就已经是文人荟萃的地方，不过那个时候没建孔庙，只有学宫，就是古代的大学。后来到了宋朝，这里变成了考场，所以兴建了孔庙，给当时的考生一个精神支柱。

　　作为供奉和祭祀古代大思想家、教育家孔子的庙宇，在古代，那些参加科举考试的生员们，热衷于祭拜孔子，称孔庙为"夫子庙"，其实就是想和孔圣人拉拉关系，感觉自己也成了七十二贤人那样的杰出门生。

　　中国有很多的夫子庙。南京的夫子庙之所以有名，是因为这里把文人、商人、歌妓等都集合在了一块，文商交融的格局在孔庙史上可是孤例。

　　夫子庙除了是文化的聚集地以外，还有饮食文化，在这里有很多南京小吃可以品尝。夫子庙最出名最热闹的时候，就是每年一次的"金陵灯会"。从春节到元宵节，上灯到落灯，这里面的名堂可多了去了，得听阿槑慢慢地说。

【天下文枢坊】

天下文枢坊，每个游人到这里，必定拍照留念！反正阿槑每次逛夫子庙，都会被人拉着帮人拍照。

天下文枢，本身的意思是天下文化人相聚的地方。所以古往今来，无数的文人墨客都会到这里，证明一下自己的文人身份。这"天下文枢"四个大字，是从颜真卿的字帖里选出来的。

当然，在这个文人荟萃的地方，乾隆爷更是要显示一下自己的才华。在牌坊的柱上，写有两幅对联，第一联是"源脉悠长，诗礼江山昭日月；人文荟萃，弦歌画舫又春秋。"第二联是"允矣斯文，为古今中外君民立之极；大哉夫子，会诗书易礼春秋集其成。"两幅都是乾隆爷口述，然后找的当时名家书写的，为这孔儒之地平添了一份帝王的霸气。

从天下文枢坊看过去还能看到中国最大的照壁，尤其是晚上灯光亮起的时候，很是美哉。

【照壁与泮池】

大照壁是明朝末年修建的，可称为全国照壁之最。古代修建照壁是因为它起着装饰和遮蔽的作用，在风水上，中国古代建筑时兴这种"前有照，后有靠"的风水意义。

"泮池"的意思就是"泮宫之池"。周朝礼制中规定天子的学宫叫"辟雍"，四周环水，而诸侯之学只能南面泮水，故称"泮宫"。明清的时候，老百姓把考中秀才称为"入泮"。所以渐渐地，"泮池"就成了古代读书人的"化龙池"，只有"入泮"了，才能算是进入了圣贤的行列。

【聚星亭与魁光阁】

夫子庙有个聚星亭，是指聚集奎星、取得功名的意思。每当南京乡试开考，从大江南北赶来的秀才们都要来这聚星亭，朝拜一下天上文官的首领——魁星，希望能够"一举夺魁"。

魁光阁和聚星亭的概念差不多，都是象征文风昌盛。无论是"聚星"，还是"魁光"，对于古代士子们来说，都是吉利和福星高照的地方。

魁光阁内曾经供奉着一个鬼形的神像，长着一张蓝脸，凶神恶煞，手中拿着一杆笔，虽然面相丑陋，但他就是传说中的天下文官之首"魁星"，主宰文章兴衰。这座雕像就是"魁星点斗"，意思是，被他那杆笔点中的，就是金科状元了。传说包公就是魁星下凡。

魁星点斗

魁光阁

聚星亭

【文庙】

孔庙的正门叫大成门，也叫戟门。古代朝圣和祭祀的时候，只有政府官员才可以从这个大成门出入，一般的士子只能从两边小道进出，等级制度很森严啊。

　　大成殿是夫子庙的主殿，殿内正中挂有一幅全国最大的孔子画像。殿内还有仿制的2500年前的编钟、编磬等古代祭孔乐器，会定期进行古曲、雅乐的演奏，还能看到明代祭孔时候的乐舞。

孔夫子像

【棂星门】

古代的时候，皇帝祭天，第一个要祭拜的就是"棂星"，因为这代表着文明气象。后来在有孔庙的地方建棂星门，意思就是尊孔如尊天。

夫子庙的"棂星门"三个大字是乾隆写的，嗯，这皇帝果然到处留墨。在古代，有一种说法叫"状元不出，正门不开"，所以如果在这个考场没有出过状元，那么棂星门的正门是不开的。

大成殿玉兔泉传说

在学宫里面，有一眼著名的古井，俗称"玉兔泉"。这古井曾是学习、生活在学宫的学子、秀才们唯一取水的地方。

传说这井与宋代大奸臣秦桧有关系。当年秦桧也在这南京的学宫中学习，有一天晚上做梦，梦见一只白兔蹦蹦跳跳地就钻入了地下，醒来后他就叫人来挖，结果不久就挖出了泉眼，涌出的泉水清澈甘甜。后来秦桧考中了状元，就亲自题写"玉兔泉"三个字，作为纪念。

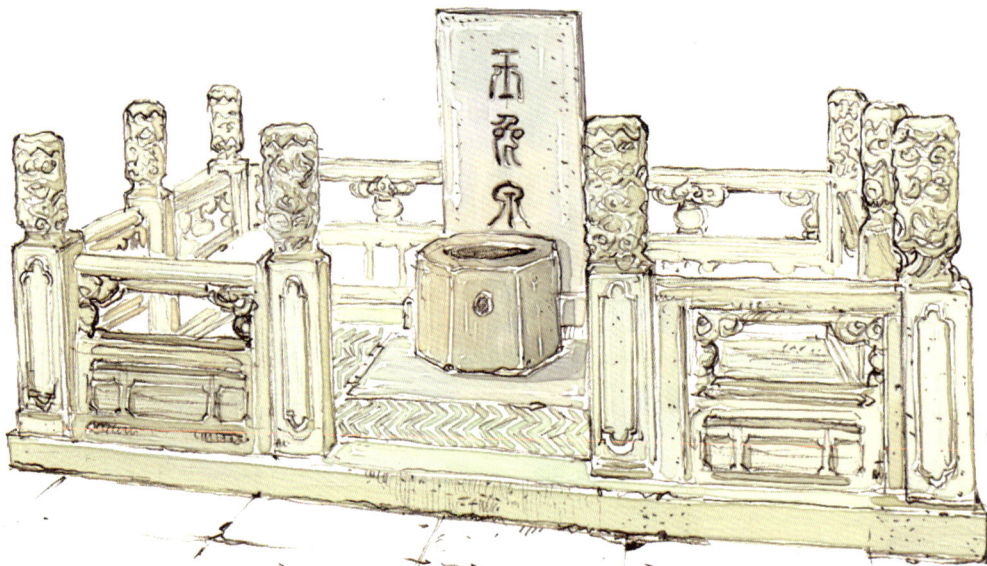

【古代的大学】

古时候，学宫就类似于现代的大学，是学生们出人头地、走上仕途必须跳跃的龙门。"地处庙内深幽处，悠悠传来读书声"，指的就是学宫内学生们学习和生活的场景。

南京夫子庙的学宫被称为"东南第一学"，有近一千年的历史。"东南第一学"五个金色大字，是清朝南京状元秦大士写的。俗话说"自古江南多才子"，从夫子庙学宫走出的名士可以说举不胜举。比如王安石、文天祥、吴敬梓、林则徐、李鸿章等人都曾在学宫里学习或者当过老师。

全国各地都有学宫，学宫的牌匾都写着"明伦堂"，而唯独南京夫子庙的学宫写的是"明德堂"。据说，这牌匾是文天祥题写的。当时正值战争时期，他想借此提醒正在学习的学生，要注重实际，不要空谈"伦理"，却不讲"道德"。

【古代高考地江南贡院】

高 考！高考！没错，这里就是古代高考的地方，和现在一样，一张试卷定终身。不过，古代人可以把自己考到白发苍苍。各地的考生都奔赴这里，为自己的梦想而奋斗。

江南贡院作为一个博物馆，有很多当时留下的文物，比如说"浮票"，也就是准考证。准考证上除了座位号等信息外，还特别有一栏，详细地记录着考生的身高、胎痣、胡须等外貌特征，就是为了防止"枪手"。不过就算在现代社会贴照片都有可能出差错，何况古代？所以，就出现了一位一个人帮八个人考的最牛枪手，就是"鸡声茅店月，人迹板桥霜"的作者——唐朝温庭筠。

作为培养全国人才的地方，江南贡院考出过很多名人，比如唐伯虎、林则徐、陈独秀等等，而且还发生过一些有趣的事情。

唐伯虎，在贡院考试时文采太好，被诬陷贿赂考官，气得不肯就吏，从此游戏人间。

吴承恩，落榜多年，直到晚年回到故里，创作了《西游记》。

郑板桥，40岁的时候在贡院中了举人，后来成了有名的"扬州八怪"之一。

唐伯虎

吴承恩

郑板桥

陈独秀

古代的高考装备

江南贡院里的明远楼，是整个贡院的制高点，就是监考老师待的地方。考试期间，考官和执事官员会在这里发号施令。

现代高考一人一座，古代高考是一人一间房，统称为"号舍"。每个人考试的时候就坐在这一平方米左右的VIP包厢里，吃喝拉撒全在里面，一待就是九天。

房间里面就只有一块平放的木板，板是活动的，可以抽动，白天下层木板可以坐，上层木板代替桌子，用来写作，晚上当作床来睡觉。

因为连考九天，每位考生都有很多的"装备"：手提灯笼、书箱、食物等，胸前挂着一个卷袋，用来放置试卷笔墨。因为考场不提供伙食，所以还得自己烧饭，很多小巧的炊具就大受欢迎。不过据说，还是带大饼咸菜的比较多，省事省钱，还不容易坏。这也是因为考试的时间大多是南京最闷热的时候，发生过很多食物中毒、中暑休克的暴毙事件，所以后来也就注意了许多。

这里，阿槑就不说作弊的事情了。反正阿槑自己觉得古代的作弊技术比现在牛多了，一粒米上都能刻出一篇文章，阿槑也是真心地佩服。

小型炊具

菜油

碗筷

手提灯笼

食盒

蓝布卷袋

朱卷

【乌衣巷里的故居】

乌衣巷里有两大名人的故居，王导和谢安的故居。两人都是东晋时代建国立业的大将军，王谢两家的后代也是人才辈出，比如王羲之、谢灵运等，看来两大家族为了一争高低，对后代的教育下了血本啊。

说到王羲之，"东床快婿"这个成语就产生于这王导故居。当年，书法家郗鉴听说王导家中的青年都很优秀，就想给女儿物色个好老公。王导就说，那你就让人过来自己挑吧。结果其他的青年都打扮得整齐干净，只有王羲之，当时袒胸露腹地躺在东边的床上看书，结果竟然因为坦荡不羁被砸中了绣球。所以"东床快婿"一词就产生了。

入唐后，乌衣巷沦入寂寥。唐代大诗人刘禹锡的"旧时王谢堂前燕，飞入寻常百姓家"就是对此处的感叹。寥寥数笔，便描绘了乌衣巷自六朝到中唐的沧桑变化。巷口的墙壁上，乌衣巷三个龙飞凤舞的大字，可是毛泽东主席的手迹。

朱雀桥邊野草花

乌衣巷口夕陽斜

乌衣巷名字起源

乌衣巷之所以有名，还是托了刘禹锡这首《乌衣巷》一诗之福。为什么这地方叫乌衣巷，有很多解释。第一种说法是这里曾是东吴时期的禁卫军驻地，因为军士都是穿黑色的衣服，所以百姓就把这里叫作乌衣营。第二种说法称东晋时期王谢两家豪门都住在这里，而两族子弟都喜欢穿乌衣来彰显身份尊贵，所以得名乌衣巷。

朱雀桥 UFO 事件

中国最早的一幅关于 UFO 的图画，就出现在清朝光绪年间——《赤焰腾空》，而且发生的地点就在夫子庙的朱雀桥上。画面上也明确记载了火球掠过南京城的时间、地点、目击人数、火球大小、颜色、飞行速度等一些信息，绝对是第一手资料。

博物馆藏图《赤焰腾空》

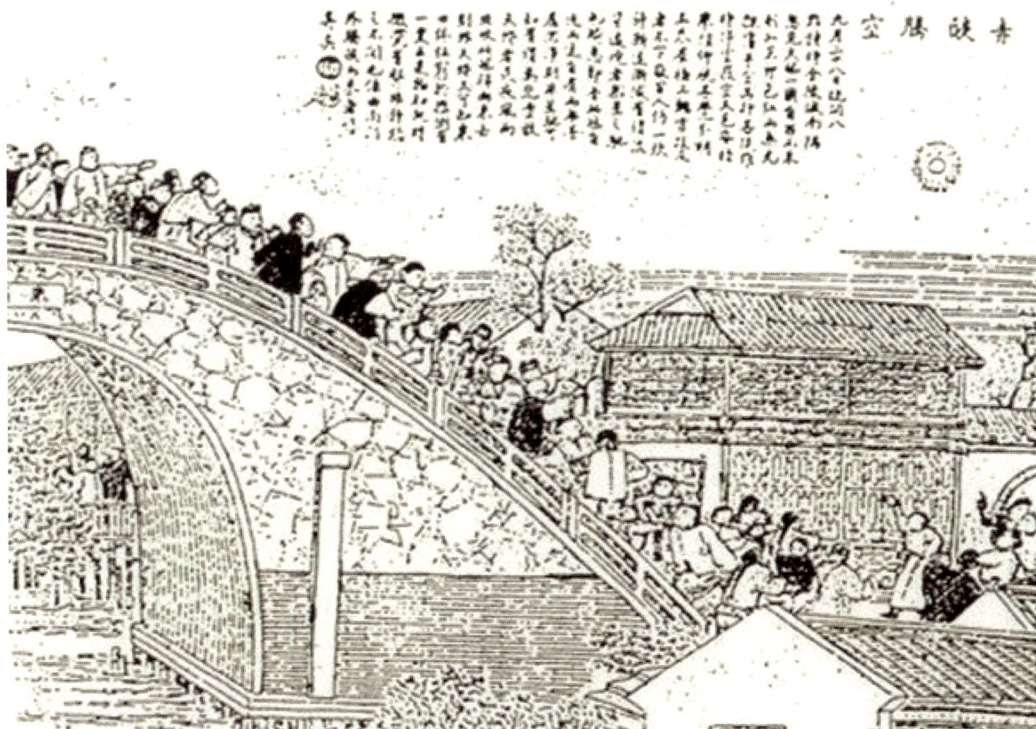

【十里秦淮】

秦淮河在历史上极负盛名，名字的由来还和秦始皇有关。

　　秦始皇统一天下后，来到南京的时候，身边的术士说"江东有天子气"，预测五百年后将出天子。秦始皇一听，赶紧寻求破解之法。术士就说要把长江引个支流通过南京城，这样就可以把王气给冲走，并将这长江支流原来的名字"龙藏浦"改姓秦，称为秦淮河。后来又把南京取名"秣陵"，也就是养马种草料的地方。

　　绵延十里的秦淮河水，成了除长江以外南京的第二河流。在这十里秦淮水上，百姓、文人、商人、歌妓各种人物演绎了众多的纷彩迷离的故事，阿槑借用一首歌里的词："千古悠悠说不尽当年风骚，文采风流怎不四海逍遥，烟雨濛濛最是流连人家小桥，如今这些故事还知多少。"

【文德桥】

在夫子庙，要想从西边的文人贡院到东边的胭脂之地，必须要通过秦淮河上的一座桥——文德桥。文德桥这个名字是取"文以载德"和"文章道德第一"的意思。据传，当年建文德桥是为了蓄住泮池西泄的"文气"。明清时期，文德桥实际是在秦淮两岸架起了学宫风雅和妓院风月的桥梁。

文德桥上半边月

每年农历十一月十五午夜前后，若是天气晴好，皓月当空，你站在文德桥中央，俯视河水，就可以看见桥的两边各有半个月亮的奇异景象。这就是"文德桥上半边月"的出处。据传，之所以有这样的奇景，是因为文德桥建造的地方，正好处在子午线上，晚上月亮达到最高点的时候，可能就会有机会看到了。不过这"秦淮分月"的场景还得天时地利人和才行。

栏杆靠不住

"秦淮分月"太过有名，以至于一到赏月佳期文德桥上就挤满了人。每逢秦淮灯节、端午，桥上桥下更是热闹非凡。天长日久，负荷超载，文德桥偶尔也会变成灾难之地，历史上多次发生桥毁人亡事件。"文德桥的栏杆——靠不住"也成了南京人的口头禅。

李白捞月传说

唐代诗仙李白酷爱明月。有一年他来文德桥附近酒楼饮酒赋诗，只见皓月当空，银辉泻地，便趁着酒兴走上文德桥观景。突然，他发现月亮"掉"在水里，便醉意朦胧地张开双臂，跳了下去……

【唯美爱情桃叶渡】

阿槑一直觉得，"桃叶渡"这名字特别有诗情画意、文艺小清新的感觉，也确实，这名字的来由和大书法家王羲之的爱情有关。当年，王献之在这里迎接他的爱妾桃叶，还赋诗一首《桃叶歌》："桃仙复桃叶，渡江不用楫。但渡无所苦，我自迎接汝。"现在，此地继承了这名字的气质，很多幽静的茶舍、清吧都建在这里。下午时分，临水而坐，看着乌篷小船悠荡而过，也别有一番小资的情趣。

55

【秦淮八艳】

时势造英雄，同时也造美人。明朝末年，皇帝弄臣醉生梦死，坠落红尘的歌女反而忧国忧民。

自古美人爱英雄，八艳也都与才子产生了情史。然而一旦国破山河在，这些才子往往会变成"狗熊"，反倒是一个个弱质女流，对故国的忠诚没变，拒绝权贵，接济百姓，从身到心，成为历史美人中的美人。

柳 如 是

人美又有才华，还个性坚强独特，这要是放到现在，绝对是女神级别。柳氏20多岁时，嫁给了年过半百的大官僚钱谦益，开始了金屋藏娇的生活。可惜钱谦益后来投降清朝，不过柳如是却散尽钱财资助抗清的义军，最后结局却是为保护丈夫的家产，自缢身亡。

陈 圆 圆

陈圆圆太有名了，"冲冠一怒为红颜"说的就是她和吴三桂的故事。李自成抢占了陈圆圆，吴三桂怒发冲冠引清兵入关。后来，陈圆圆出家为尼。关于她最后的结局有很多传言，有说在吴三桂死后，她投河殉情而亡，也有说最后病死的。但无论如何，她和吴三桂的感情纠葛故事算是流传千古了。

李 香 君

秦淮河畔,媚香楼,它的主人就是八艳之一李香君。

16岁的时候李香君与知名人士侯方域一见钟情,可惜侯方域没有银子给李香君赎身。后来侯方域得罪了当朝权贵,只好逃亡天涯。侯郎走后,李香君闭门谢客,后来到南京栖霞山出家为尼,孑然一生。

董 小 宛

董小宛,她的名字是因仰慕李白而起的。董小宛对明末四才子之一的冒辟疆一见倾心。嫁入冒家后,她经常研究食谱,今天人们常吃的虎皮肉就是董小宛的发明,被称为"董肉"。另外,小宛还善于制作糖点,她制作的"酥糖"被称为"董糖",所以有人笑称董小宛为古代十大名厨。

顾横波

顾横波是"秦淮八艳"中地位最显赫的一位,曾被封为"一品夫人",同时,她也是最受争议的一位,据说有个与她私订终身的才子因为她的背盟殉情而死,俨然一个红颜祸水。

卞玉京

卞玉京号称诗琴书画无所不能,也是因为原本她是官家小姐,奈何家道中落,父母双亡,只能沦为歌妓。后来她嫁给了一个诸侯,结果婚姻不幸福,就让自己的侍女代替了自己的位置,一个人出了家。

寇白门

寇白门的出身很微妙，是来自当时著名的世娼之家——寇家。17岁的时候，寇白门嫁给了保国公朱国弼。后来南明小朝廷失败后，朱国弼被囚。他为了活命，打算把家里所有的歌姬婢女全卖掉来赎命。寇白门尽管痛心朱国弼的薄情寡义，仍然筹措了两万两黄金，为朱国弼赎了身，但决定与他一刀两断。

马湘兰

马湘兰出名是因为她长得不漂亮，但心灵美，为人旷达，有点现在"御姐"的感觉。马湘兰非常喜欢画兰花，在日本东京博物馆中，还收藏着一幅马湘兰的《墨兰图》，被视为珍品。

【秦淮八绝】

秦 淮八绝和秦淮八艳一样，名头响当当。其实八绝不只 8 种小吃，而是 8 道 16 种。虽然现在正宗的较少了，八绝已被新八绝取代，但夫子庙还是能寻到几家的，像奇芳阁、蒋有记等。在一些名店吃饭，上菜的服务员还会逐一介绍每样菜的历史典故。

永和园的蟹壳黄烧饼和开洋干丝；
蒋有记的牛肉汤和牛肉锅贴；
六凤居的豆腐脑和葱油饼；
奇芳阁的鸭油酥烧饼和什锦菜包；
奇芳阁的麻油素干丝和鸡丝面；
莲湖糕团店的桂花夹心小元宵和五色小糕；
瞻园面馆爆鱼面和小笼包饺；
魁光阁的五香豆和五香蛋 。

葱油饼

开洋干丝

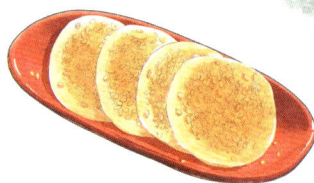

蟹壳黄烧饼

小笼包饺

豆腐脑

牛肉锅贴

鸡丝面

秦淮云水间

五色小糕

什锦菜包

牛肉汤

夹心小元宵

五香蛋

五香豆

爆鱼面

鸭油酥烧饼

61

【喧嚣里的瞻园】

瞻 园是南京现存历史最久的一座园林，有六百多年历史了，是江南四大名园之一。当年爆红的赵雅芝版《新白娘子传奇》白府的取景地就是这里，1987年版《红楼梦》取景也有涉及。这是明初建筑，原先是明朝开国功臣徐达府邸，太平天国时期成为东王杨秀清府，如今已复建并对公众开放。

徐达的后花园

说到瞻园，它先作为明开国元勋徐达的府邸，后来，乾隆帝巡视江南时曾驻跸于此，并御题"瞻园"。

徐达一生骁勇有谋，战功及戍边皆显赫一时，被朱元璋誉为"万里长城"。虽如此，作为明朝开国第一功臣，他仍不能善终。《龙兴慈记》载，朱元璋赐给徐达蒸鹅，徐达吃完后便升天了。徐达死了朱元璋才放心，并高调地追封他为中山王。这真是伴君如伴虎，阿槑不禁觉得朱元璋太过狠心。

一笔虎

瞻园内有一巨型的"虎"字碑,号称是王府的镇宅之宝。之所以为宝,就是因为碑上的虎字是一笔完成,看上去就像一只猛虎在咆哮,而且这虎字暗藏有四个字:富甲天下。

民间传说摸摸瞻园的虎头,吃穿不愁;摸摸虎嘴,驱邪避鬼;摸摸虎身,步步高升;摸摸虎背,荣华富贵;摸摸虎尾,十全十美。不过也有传言,园内这个"虎字碑",是汪伪政府为讨好日本侵略者,仿照苏州寒山寺碑复制的。

虎头

虎身

虎背

虎尾

扇亭

瞻园内假山上的"扇亭",是因亭子内部像一把折扇而得名。但是阿槑感兴趣的是它的前身。据说,明朝的时候,这里曾经是"铜亭",也就是古时候最早的空调房,是最早的取暖设备。而且,这在吴敬梓的《儒林外史》里也有过描写,说是"积雪初霁,园内红梅次第将放",亭子外面一丈之内却看不到积雪,而且亭内温暖如春。

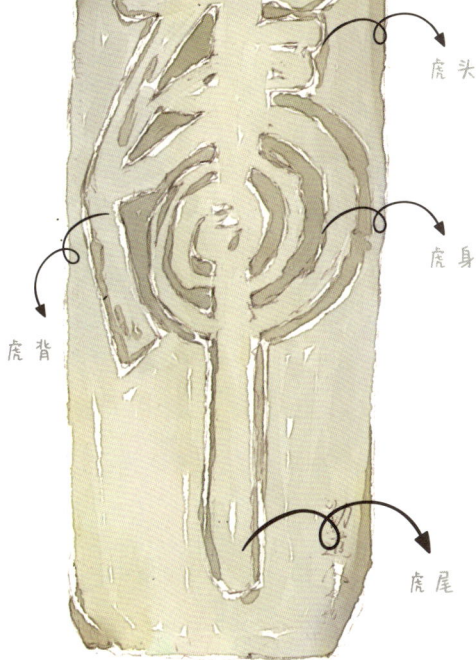

瞻园十八景

明清的时候，瞻园以"梅花坞、老树斋、翼然亭、竹深处"等十八胜景名噪一时。江南园林的特点就是一步一景，景景不同，瞻园也是如此。梅兰竹菊、亭台楼阁相映成趣，且四季不相同。阿呆感觉带上再好的相机，也拍不完这瞻园内的雅态。

雪浪寻踪：瞻园内的一块奇石，看上去像是一团击在岩石上的浪花，雪浪石上有还刻有"雪浪石东坡居士书"几个字，不知道是不是苏东坡曾经的收藏。

牡丹仙苑：瞻园的牡丹台一株牡丹，叫"绛纱笼玉"，是牡丹中的上品，已有百年历史。

曲桥幽泉：瞻园内有一个普生泉，乾隆时期秦淮水断流，此泉不涸，令人称奇。

太平天国东王府

洪秀全的太平天国存在的时间不长，文物却被毁坏严重。瞻园在太平天国时期曾是东王杨秀清的王府，现在成了中国唯一的太平天国历史博物馆。里面陈列了各种当年的服装、武器、生活日用品等。那时候用过的 20 门大炮，现在整齐地排列在墙院内，诉说着当年的农民起义的决心。大厅上"太平天国历史博物馆"与"太平天国历史陈列"两个牌匾还是郭沫若先生题写的。

洪秀全像

秦状元府

秦大士，清朝第 43 位状元，本来也没什么特别的事情，但因为当时朝中一直传闻他是秦桧后人，所以出了名。据传有一天早朝，乾隆问他："你果真是秦桧的后代么？"秦大士回复："一朝天子一朝臣。"声明祖辈一事已经过去，我现在是为您效力。乾隆当然很高兴，觉得他不卑不亢，是个人才，从此对他更加信任，官拜翰林院侍读学士，教过乾隆皇子读书。他的府邸，就坐落在瞻园旁的长乐路上。

【四季白鹭 美不胜收】

白鹭洲公园在明朝是徐达家族的一个菜园，一直是很破破烂烂的地方，徐达的儿子曾经被软禁在这里。如今的白鹭洲已经没有了往日的破败，取而代之的是成片的垂柳和清澈的湖水。阿槑小时候常缠着槑妈来白鹭洲公园锻炼身体，长大后变成槑妈催着阿槑来跑步减肥。

白鹭洲名字由来

在 1924 年，有个茶舍在这租了地，准备开店。结果在院子的墙内发现一个石刻，上面刻有李白写的《登金陵凤凰台》："三山半落青天外，二水中分白鹭洲。"正好茶社的经营者仰慕李白，所以就把茶舍取名为"白鹭洲茶社"，这白鹭洲的名字也就沿用到了现在。

白鹭洲鹫峰寺

【秦淮灯彩】

当你在元宵节前后到南京游玩时，一定不能错过夫子庙流光溢彩的秦淮灯会。情侣们可以选择乘花舫游秦淮观花灯，虽然价钱不菲，但别有情趣，所谓"秦淮灯彩甲天下"。

秦淮的灯会可以说闻名全国，古时候就是人们思念亲朋时放灯的地方。后来，明朝定都南京后，朱元璋为了吸引天下富商来南京，还把元宵节张灯的时间延长至十夜；朱棣更是"赐百官上元节假十日"，鼓励百官与民同乐。这样一来，元宵节灯会便成了南京全民性的娱乐项目。千百年的耳濡目染，扎花灯就成了秦淮地区一带百姓的传统。阿槑是从小玩着兔子灯长大的，但是元宵节那天挤进夫子庙人海里看灯会真的需要勇气。

荷花灯

蟾蜍灯

宫灯

红灯笼

莲花灯

龙灯

兔子灯

杂艺

　　秦淮灯会除了看灯以外，还有很多南京的特色民俗的展现，剪纸、空竹、绳结、雕刻、皮影等南京民间艺术，以及歌舞、曲艺、杂耍等娱乐活动。所以，夫子庙一带也是南京手工业者的聚集地。

剪纸

剪纸

空竹

南京白局

白局

　　南京白局是南京地区的古老曲种，因其曲种收调众多，唱腔丰富多彩，所以又有"百曲"之称。

　　"白局"一词，是因为演唱的人不取报酬，"白唱一局"，所以叫"白局"。又因源自南京，故名"南京白局"。一般是两人一唱一和，说说身边的生活，讲稀奇古怪的事物，也唱些南北小调，倾吐心中的郁闷，抒发情感。现在，在南京的甘熙故居以及云锦博物馆等地还可以欣赏到它的风采。

【老门东】

老门东之所以有名，是因为有太多的商贾巨富、世家名流在这里居住过。而且南京的老城文化在这里保留得比较完好，青瓦白墙，牌楼小巷，都散发着民间生活的味道。

南京老门东历史街区在原来老宅的基础上进行了复古式的修缮。在街区内有一个被称为"提调公馆"的地方，这里其实就是江南贡院的考官们批阅试卷的地方，阅卷考官们就曾穿梭于大小屋檐之下，掌握着十年寒窗学子们的命运。

【槑好时光】

在老门东，阿槑的"槑好时光"创意小店也坐落于此。在这里阿槑为大家准备了很多原创的南京特色礼物，你也可以坐在二楼，倾听阿槑讲述的南京动画故事；望向窗外，欣赏美丽的城南风景，感受金陵闲暇之风和老城南的生活气息。别忘了，还可以找阿槑合影哦！

大家好，我是阿槑，是个正儿八经、土生土长的南京城南小杆子。

阿槑是南京文化代言人、江苏幸福大使。阿槑喜欢用自己的画笔，将南京的文化风俗、美食美景，还有南京人的小幸福传递给大家。

烟笼十里玄武湖

玄武湖是南京最著名的景点之一，也是中国最大的皇家园林湖泊、仅存的江南皇家园林。玄武湖有两千多年的历史，历代文人骚客都在这里留下墨宝。如今的玄武湖早已不是皇家专享，它免费开放，展现其古老而独特的美丽。玄武湖由五个洲组成，五洲相通，一年四季都有不同的美景，每一个季节都值得游玩。玄武湖不仅是金陵明珠，也与南京城的兴衰荣辱息息相关。

【黑龙腾空】

传 说南北朝时期,玄武湖两次出现"黑龙"(可能是扬子鳄),神似玄武神兽,因此得名玄武湖。

玄武湖历史变迁

两千年前,原为沼泽,古称"桑泊"

孙权引水入宫苑,称为"后湖"

宋初疏浚玄武湖,挖湖造三岛

宋朝成水军训练场

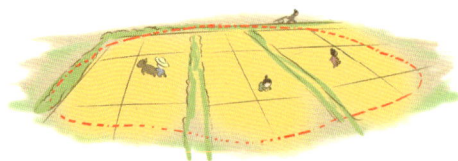

王安石泄湖得田,玄武湖消失两百多年

明朝在此建黄册库,成为禁地

风水鼻祖郭璞墩

　　玄武湖埋葬了一位牛人，是风水师鼻祖郭璞。这位仁兄创造了"风水"一词，并且准确预测了自己的死亡日期。郭璞是两晋时期最有名的方术士，通晓易经八卦和道家方术。他的《葬书》是第一本系统阐述风水理论的著作。

　　郭璞还是个大帅哥，《文心雕龙》中记载他仙风道骨，"挺拔而俊矣"。靠自己的未卜先知术，为许多人规避灾祸，多次上书谏言，为百姓谋取福利。他不仅准确预言多次战役的胜败，还预言了自己的死期、受刑地点和刽子手。

　　玄武湖的郭璞墩周围的树上，挂满了红色的飘带，写着每个人的祝福祈愿。

【玄武湖十景】

玄 武湖十景初步形成是在六朝时期，当时风光无限的玄武湖成为皇家园林，被帝王们独享，面积也比现在大得多，各种设置应有尽有，帝王还把别寝建在湖光山色间，可见玄武湖有多美。

玄武湖洲与洲相连，但是每个洲又有自己的独特之处，每个细节都是一处独特的风景，山水浑然一体，与周边古朴的建筑交相辉映。在这无数美景之中，又数十处景色最有特色，著名的十景分别是：五洲春晓、侣园馨风、莲湖晚唱、台城烟柳、古塔斜阳、九华朝晖、鸡鸣晚钟、古墙明镜、西堤秋月、月湖笙歌。

五洲春晓

侣园馨风

莲湖晚唱

台城烟柳

古塔斜阳

九华朝晖

鸡鸣晚钟

古墙明镜

西堤秋月

月湖笙歌

【春夏秋冬玄武湖】

春

春天的玄武湖阳光明媚，新绿生长。樱洲的樱花绽放，如同一片粉色的云彩漂浮在玄武湖上。樱花随风飘舞，天空时不时下一阵樱花雨。这也是最适合划船的季节。阿槑小时候的最爱就是和爸爸妈妈一起在湖面划船，湖水和天光一色，阿槑觉得自己好像不在人间。

秋

秋季的玄武湖带着一种肃穆的美，残荷凄美，红枫艳丽。而秋天最美的还是银杏。道路两旁的银杏高大挺拔，遮天蔽日都是金黄色，地面是厚厚一层银杏树叶覆盖，踩上去有轻轻的窸窣声，让人不由得下脚更加轻巧，生怕踩碎这一地的璀璨。阿槑走在金黄的银杏大道上，即使秋风微凉，心里也有一份暖意。

夏

夏天的玄武湖最美的景色当然是荷花。大片的荷叶铺满整个湖面，或舒或卷，品种不一的荷花一齐绽放，怡然自得。偶尔有涟漪荡漾开，整片绿色微微摇晃。阵雨过后，荷叶上洒满水珠，晶莹剔透。站在玄武湖边，阿槑才真正体会到文人墨客们说的："人人尽说江南好，游人只合江南老。"

冬

冬天最美的是雪后的玄武湖。山上，草坪上，原本光秃秃的树枝上，还有不远处的城墙上，都堆满了皑皑白雪，一片银装素裹。阿槑觉得雪后的玄武湖如同穿上洁白大衣的贵族女子，举手投足间处处是端庄秀丽，让人想起如今亲民的玄武湖，其实从出生起就是皇家园林，自带一份端庄和神秘。

〔一见钟情〕

要说风景最美的火车站，阿槑一定会选南京火车站。走出南京火车站出站口，就可以看见一整片玄武湖。火车站前的南广场非常宽阔，一直延伸到玄武湖湖畔，湖水衔接了蔚蓝的天空。千年历史的玄武湖畔绿树葱郁，衔接着现代气息的高楼大厦，相互融合。

倘若你第一次来到南京，对这个城市充满未知的忐忑，那么你走出火车站，看到一片清澈宁静的湖水连接着天空，不带一丝掩饰地呈现在你面前时，你会放下对这座城市的防备，亦如它对所有人毫无戒备一样。

【莲华和诺那的故事】

莲 华精舍和诺那佛塔在玄武湖东北角，是纪念藏传佛教活佛的纪念馆和宝塔，南京市民称它们为喇嘛庙和诺那塔。

　　诺那活佛一生致力于祖国统一，帮助清政府平定西藏叛乱。民国建立以后，他继续支持民国政府，维护祖国统一，曾经出资亲自率领弟子收复金沙江失地，不幸被捕，受了六年牢狱之苦。为了纪念这位活佛，人们在玄武湖畔建造了这座诺那塔。如今这里是国内为数不多的汉族聚集地区的藏传佛教纪念地之一。

总统府的民国风情

总统府历史悠久，前身是明代汉王府，后来几经改朝换代，被选作民国总统府。因为经历诸多更迭，总统府的建筑风格既有雕梁画栋、富丽堂皇，也有现代简约、大气内敛，古今融合，别有韵味。总统府大门原本是木制大门，后来民国年间仿造罗马风格改建，才有了现在大门口的罗马柱。这是一座两层半的建筑，楼顶为升旗平台。门楼正中原本挂的是"国民政府"的巨匾，在1948年5月改挂了木包金"总统府"三个大字。

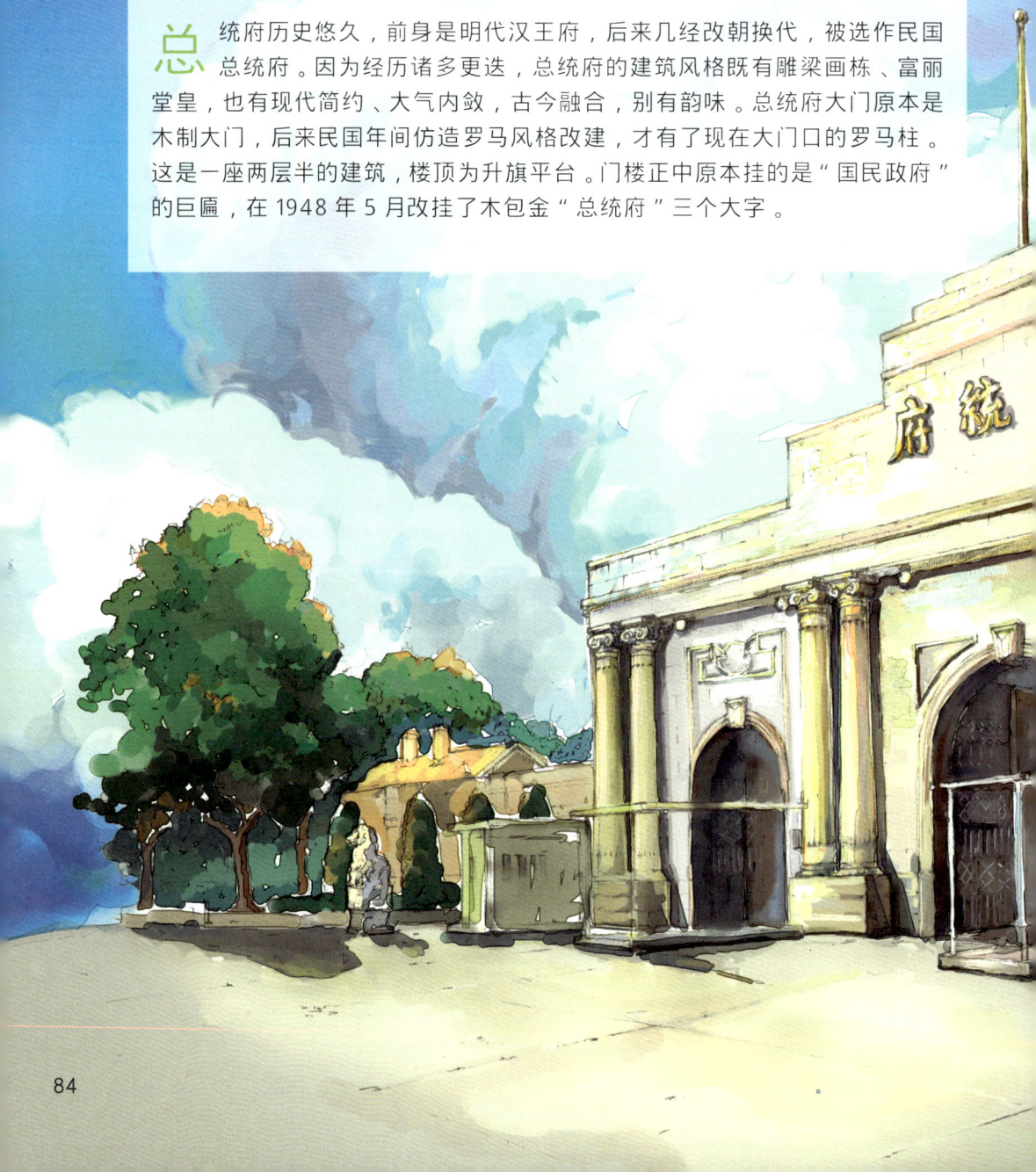

总统府有100岁啦

府统总

明·汉王府 → 清·江宁织造府 乾隆皇帝行宫 → 太平天国 天王府 → 1912年·中华民国临时政府

【天下为公】

通往总统府大堂的长廊，竖立着 24 根历史久远的大红圆柱，很有明清建筑特色。然而最吸引阿槑的是横梁上高悬的一块红色巨额，写着"天下为公"四个大字。这是孙中山先生亲笔书写，带着一份理想的庄严，透过百年历史，依然彰显出伟人的灵魂，令阿槑为孙中山先生的博大胸怀和崇高理想所感动。

美好的足迹

【麒麟门】
只为一人开

麒麟门门前两侧各踞一只石兽，貌似麒麟，所以称为麒麟门。为显示主席和总统的威严，麒麟门平时紧闭，只有蒋介石到来时才开启，其他人只能从门两侧绕行。

【煦园】

总统府的前身是明汉王府，明成祖朱棣封次子朱高煦为汉王，所以此府花园又称为煦园。煦园是总统府内最保留明清风格的地方，依然可以看出皇家私人园林的风采。

【不系之舟】

这是一座建于水中的石舫，乾隆把它称为"不系之舟"，是为了迎接乾隆南巡而建造的。上面雕刻的蝙蝠、梅花鹿、山猫分别喻意福、禄、寿，其他还有牡丹、万年青、仙鹤等，都是长寿富贵之意。石舫门柱上有木雕彩塑狮子两只，额部有"王"字。历代的帝王都是把自己的江山和老百姓的关系比喻成舟和水，"水亦载舟，水亦覆舟"。就是说要善待百姓，居安思危，有忧患意识。于是，乾隆称其为不系之舟，是说自己的江山社稷稳如磐石，千秋万代。

【少了一点】

园 里有一块很大的假山石，
形状很特别，独一无二。
这块石头远看像一个繁体的"寿
"字。这个"寿"字假山下面少了
一点，相传人每走过这里一次，
可添上这一点。多在这个寿字底
下走一走，可以多添一点"寿"。

【方胜亭】

方 胜亭也被称为鸳鸯厅，虽然是一个亭子，但是远看像是两座亭叠在一起，
六个角，两个顶，近看就只能看到一个亭子的形状，真是独具匠心的设计。
方胜是一种古代女性的头饰，形状是两个连接在一起的菱形，因此方胜也寓意着同心双合。
方胜亭也包含着一份永结同心的美好祝福吧。

【总统办公室】

总统办公室完全依当年原貌陈列。蒋介石的办公室在 201，是三室大套间。内里一间是带卫生间的休息室，中间一间是办公室，外面一间是会议室。参观者站在门口，看不到休息室的情形，办公室则一览无余。靠窗处斜放着一张较大的实木办公桌，桌后一把皮靠椅，桌上摆放着台灯、电话、台历、茶杯、文房四宝，以及两叠书籍。因为保存得完好，还原了当年的场景，阿霖站在这里，总有一种穿越了时空的感觉。

民国三十八年四月二十三日

南京总统府蒋介石的办公桌上，有一个翻开的台历，上面的日期是"中华民国三十八年四月小，23，星期六"，这个日期正是渡江战役胜利的那一天，是南京城解放的那一天，也是国民党政权结束的那一天。这个历史性的一天，被永久地定格在了这张办公桌上。

【颐和路】

南京的颐和路有"半部民国史"之称，路两边是民国时期的大使馆、达官贵族的聚集区。成片的民国别墅，各有各的韵味。颐和路上两侧的诸多小路如"珞珈""灵隐""普陀""赤壁""琅琊"这些古朴的名称，很有文化底蕴。这片民国时期的贵族区，如今早已成了南京最闲适的地方，阿槑常来这里走走。走在颐和路上，总有一种时光交错感，仿佛走进了那个优雅又神秘的时代。

颐和路公馆区是最能窥见那个时代上流社会的地方。这里的建筑群完整而富有民国特色，与那个时代许多最为显赫的名字连在一起，颐和路 38 号大汉奸汪精卫公馆；颐和路 8 号山西王阎锡山公馆；宁海路 5 号马歇尔公馆。这里原来是金城银行别墅，侵华日军占领南京后，这里还曾经是"南京安全区国际委员会"总部，保护了大批南京难民。

每到春季，颐和路的蔷薇花就越出墙头，一朵朵连成片，春意盎然。在民国的砖墙之上，点缀上一抹红妆，历史的厚重感又添加了一份勃勃生机。逝去的民国早已如烟，人面不知何处去，桃花依旧笑春风。

颐和路的梧桐树是南京城最美的风景之一，百年梧桐树是活着的历史。每到盛夏，茂盛挺拔的梧桐树亭亭如盖。秋天梧桐叶泛黄，在颐和路上覆盖厚厚一层金黄，踩在上面，宛如跟随着岁月的轨迹。

闹市之中，我想静静

【莫愁湖】

莫愁湖是江南第一名湖，原来叫石城湖，为了纪念不愿意进宫为妃而投湖的莫愁女而改名。"莫愁烟雨"原是金陵四十八景之首。烟雨濛濛下的湖光山色、楼台亭阁，像害羞的小女子，这样的风景下，什么烦恼都应该"莫愁"了吧。

"春去秋来，海棠花开"，莫愁湖最美丽的时光，应该就是海棠盛开的4月。卸下疲惫烦恼，只带一颗清雅闲适的心，看着娇粉的海棠与古朴的庭院碰撞出另一种刚柔之美，怪不得杨贵妃的老公唐明皇如此喜爱这海棠之花。

胜棋楼

　　莫愁湖内有一座胜棋楼，朱元璋和他的开国功臣徐达曾在这里下棋对弈。相传当年徐达和皇帝下棋，那叫一个费劲，因为朱元璋棋下得太臭，想下输都很难，但是赢棋又不能让皇帝不高兴。所以棋艺高超的徐达，不仅赢了，而且很巧妙的用棋子在桌面上摆出了"万岁"二字，朱元璋龙心大悦，将这下棋的地方取名"胜棋楼"，并赐给了徐达。

【阅江楼】

阅江楼今昔对比

这 是江南四大名楼之一，并有《阅江楼记》，好像阿槑还背诵过全文。但其实这个地方是"有记无楼"。当时朱元璋一时兴起，准备在江畔建一楼，并叫臣子著文纪念，但在平砥建成后却突然停建了，原因一直是迷。朱元璋说是因为有神仙托梦，说他现在要干大事，建楼之事可暂缓，也有人说是因为当时在建城墙，财力人力不能分担。

《阅江楼记》
宋濂

金陵为帝王之州。自六朝迄于南唐，类皆偏据一方，无以应山川之王气。逮我皇帝，定鼎于兹，始足以当之。由是声教所暨，罔间朔南；存神穆清，与天同体。虽一豫一游，亦可为天下后世法。京城之西北有狮子山，自卢龙蜿蜒而来。长江如虹贯，蟠绕其下。上以其地雄胜，诏建楼于巅，与民同游观之乐，遂锡嘉名为"阅江"云。

【九华山】

南京的九华山就在玄武湖边上，在古代是皇家避暑纳凉的好去处。九华山上有三藏塔，是为了纪念高僧玄奘法师所建。据说，这塔内藏有玄奘法师的头顶骨舍利。

相传民国年间，玄奘灵骨一度下落不明。后来日军侵入南京时，在玄奘塔一带建了神社，并且在施工中挖出了玄奘的顶骨舍利。日本人想占为己有，后来经过政府的再三交涉，将灵骨保护了下来，安置于现在的九华山寺供奉。

【甘熙故居】

这 是清代南京最大的号称"九十九间半"的私人民宅。中国最大的宫廷建筑是故宫，"九千九百九十九间半"；最大的官府建筑为孔府，"九百九十九间半"，而民居则最多不过"九十九间半"。这半间既表示没达百间的谦虚，又有仅半步就到目标的得意。

甘熙故居闹中取静，从半空俯视下去，简直就是迷宫啊！现在，这里是民俗博物馆，绒花、抖翁、泥塑、剪纸等数十位非物质文化遗产传承人驻守于此，向游人展示中国的传统民俗文化。

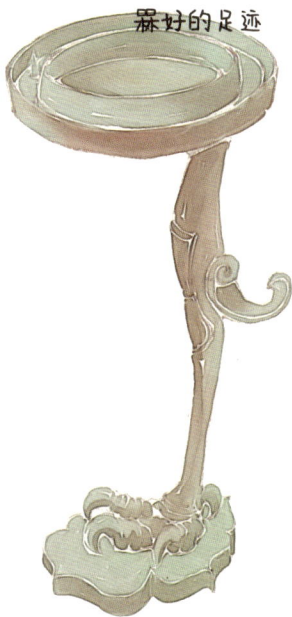

最令阿槑好奇的，其实是故居里的一样传家宝，一盏雁足灯。传说清末甘熙在京城任官时，为了防止灭门之灾，在自己临终前把一张写有家族珍宝的藏宝图藏在雁足灯中，埋于大院之中，并留遗嘱"千万不要忘记吾那盏雁足灯"。此后，不断有人到甘家大院寻宝，然而至今未被破解。

雁足灯

【燕子矶】

燕子矶在古代的南京可是重要的码头渡口，临江的崖壁就像一只燕子展翅欲飞，所以取名燕子矶。夕阳西下，阳光洒在崖壁上，滚滚长江汹涌地撞击在黄土崖壁上，这样具有冲击力的景象，被古人称为"燕矶西照"，列入了金陵四十八景之中。

燕磯夕照

在燕子矶上，有一座观音阁。据说这观音阁是当年观音菩萨为了镇压一条在这附近胡乱作恶的蛟龙而建，当时观音用铁链将恶龙锁在了燕子矶的三台洞中。今天在三台洞的水池里，还能看到这条锁蛟龙的铁链。

观音手印

千里鶯啼綠映紅，
水村山郭酒旗風。
南朝四百八十寺，
多少樓臺煙雨中。

南朝四百八十寺

【牛首山】

牛 首山自古景色优美，素有"春牛首"的美誉。牛首山保留了很多历史遗迹。它是中国佛教名山，文化底蕴深厚，是佛教牛头禅宗的开教处和发祥地。

佛顶胜境

佛顶骨舍利——释迦牟尼的头顶骨舍利，是世界现存唯一一枚佛祖真身顶骨舍利，现在就供奉于南京牛首山的佛顶宫中，可以说是佛教界至高无上的圣物。为了迎接佛顶骨舍利的到来，牛首山专门修建了地上三层地下六层气势恢宏的佛顶宫，七宝莲道、佛涅槃卧像等各种基于佛家之论的设计，让进入佛顶宫的人，都能感受到浓厚的佛教文化。

佛顶宫旁的佛顶塔，是为供奉佛顶宫内的佛顶骨而建的，此外还有另一层深意，就是还原牛首山的"双塔"格局。古时的牛首山有两座塔，分别立在两座山峰上，遥遥相望，俗称牛首双塔。后来因为战火，只剩下一边的弘觉寺塔孤零而立，如今，它的老朋友终于又回来了。

到了晚上，远望佛顶胜境，能够看到"莲花托珍宝"的奇异景象。具体是什么样的，阿槑要绕个弯，一定要自己去体会。

佛顶宫、佛顶寺、牛首双塔极其震撼地展现了"天阙藏地宫，双塔出五禅"的壮美景观。

南唐二陵

南唐二陵是南唐两位皇帝李昪和李璟的陵墓。南唐二陵是江南地区已经发掘的最大的地下宫殿，曾经有人说过这里还有第三陵，但直到现在，没有发现地下其他有陵墓的痕迹。阿槑夏天喜欢来这里，因为墓室里面特别阴凉，但绝对不是后背发凉。

郑和墓

牛首山里有座郑和墓。因为郑和的老爸叫马哈麻，外号马哈只，当地人便以为郑和原姓马，故称为"马回民墓"，墓冢所在之山，亦称为"回民山"。很多人认为郑和墓是一座衣冠冢。里面到底埋葬了什么，当地流传着两种说法，一种就是郑和的真体，另一种是郑和的辫子。郑和死后，皇帝特赐了一批农民姓郑，同时还赐了一百亩良田，让这些农民世世代代做郑和的守墓人。

岳飞抗金故垒

南宋年间，金兵来到牛首山附近安营扎寨，岳飞设伏，大败金兵。金兵连忙拔寨向江边的龙湾逃窜，岳家军乘胜追击，又给金兵以致命打击。这两次战斗，金兵溃散至江北，这就是著名的牛头山大捷。之后岳飞顺利收复建康，稳定了江南的政局。牛首山岳飞抗金的石垒，目前还保留有一段蜿蜒起伏、高低错落的石垒围墙。

方山【定林寺】

又是一座千年梵刹，但这寺名扬世界，是因为它有一座斜塔——定林塔。这塔的斜度超过了闻名于世的意大利比萨斜塔，即使在修复了斜度之后。

定林塔在南京的方山。方山又叫天印山，顶平似削，方正似印，是风水吉祥命运山。传说当年秦始皇灭六国，公元前 210 年最后一次南巡来到南京，被方山王气震撼；为破金陵之王气，他下令凿断方山地脉，引淮河污水入城，但归途中一病不起，驾崩途中，传说是因为"破天机"。

【栖霞山】

"一座栖霞山，半部金陵史。"这句话是南京人到栖霞山最爱念叨的一句。别的不说，自古就有五王十四帝登临过栖霞山。在栖霞山山顶可以遥望滚滚的长江，当年秦始皇在看完长江后，就在制高点上将自己的佩玉埋在此处，证明此地已成为他的版图。乾隆皇帝来过这里后，不仅建了自己的行宫，还称赞这里为"金陵第一明秀山"。栖霞山上的栖霞寺，更是千年古寺，香火绵延不绝。南京人只要想驱邪避恶保平安，都会来栖霞寺上一炷香，祈求佛祖的保佑，所以栖霞寺每年春节敲钟祈福活动都很盛大，很多南京人都会去参加。

栖霞山是中国四大赏枫胜地之一。每年11月底12月初，这里的枫叶单一个红色，就能变化出千种姿态，红出不同的色彩。阿眔每年也是必带着相机来到红叶谷，感受这红火却幽静的氛围。

明镜湖

　　进入栖霞山，第一眼见到的就是这明镜湖。其实这是拍马屁的产物。当年有个官员为了拍乾隆皇帝的马屁，在湖中建起了六角亭，仿造《阿房宫赋》里的境界，以状若彩虹的桥相连。每到仲夏，湖中荷花盛开，湖水清澈鉴人，恍如明镜，乾隆帝果然很受用，赐桥名"彩虹"，湖名为"明镜"。

　　在这湖心亭中静坐，捧一本书，或是静静地看着这湖光山色，分外享受。

两亿年前的石碑

在栖霞山上，有一块保存完好的唐代明征君碑，是为了纪念栖霞寺的前身栖霞精舍的创建者明征君的。碑上硕大的"栖霞"二字，据说是唐高宗李治亲书的。最令人称奇的是，这块碑的石材距今已经有 2.8 亿年的历史，上面有亿年前的各种浅海动物化石标本，绝对算得上世间罕见，一定要仔细观察！

舍利塔

全国有很多的舍利塔，栖霞山舍利塔的著名之处有两点：第一是久远，这塔始建于一千五百年前，是隋文帝杨坚下令建的，后来被毁，在南唐的时候重建，一直保存至今；第二是因为神秘地宫，舍利塔下面有个地宫，传言地宫中有当年杨坚放置的佛舍利和盛具金瓶、琉璃瓶等圣物。但因为地宫一直未开启，所以一直是个谜。

千佛岩

在栖霞山的一侧崖壁上，有近千尊大大小小的佛像。这些佛像从南朝就着手开凿。可惜的是"文革"时期，大部分佛像的头部被砸，现在只能欣赏残影。

佛像里有一尊不同于别处，是一手拿着锤子一手拿着凿子，而在佛教文化里，貌似没有这种造型的佛。

来不及了！
哇哒哒哒
……

我去，这么快就来了，还差一个没完成

皇帝命令工匠雕刻一千尊佛像以供参拜

参拜日期即将到来，但是还有一尊佛像没有完成

情急之下工匠跳进石窟中伪装成第一千尊佛像

后来工匠便化身成了一尊佛像

113

枫岭红叶谷

　　一场秋雨一场凉。进入 11 月份后，南京就步入了深秋，栖霞山的红枫叶也进入了"走红"模式。栖霞山里的赏枫圣地得算上红叶谷，微风拂过，漫天的红叶飘落之时，就像在演绎着红尘里的繁华和落寞。飘落的红叶染红了亭前蜿蜒的古道，在这晚秋的时光里，竭力地渲染着生命的火热。

红叶谷

【鸡鸣寺】

"南四百八十寺"的首寺说的就是鸡鸣寺，一千八百年前的西晋就已经存在了。现在的鸡鸣寺可是求姻缘的灵验之地。巧合的是，在鸡鸣寺门前的大道两侧，种满了樱花树，每到3月，晶莹粉嫩的樱花随风而散，丝毫不逊于日本的樱花之景。"樱花大道求姻缘"，这样的胜景，单身男女们可得虔诚地拜一拜。

不一样的观音

　　鸡鸣寺供奉的观音菩萨不同于一般寺庙的面南背北观音,而是一座面北反坐观音。这尊观音为啥要反坐呢?佛龛上的对联回答了这个问题:"问大士为何倒坐,叹众生不肯回头。"

药师塔

　　鸡鸣寺的药师塔是当年赵雅芝饰演的《新白娘子传奇》的拍摄地,因为当时西湖边真正的雷峰塔已经倒塌了,在修建当中,剧组使用这药师塔来代替雷峰塔。药师塔前有个铜鼎,阿槑小时候会往铜鼎顶端的小孔扔硬币,据说如果投中了,期盼的愿望就可以实现啦。

胭脂井

在鸡鸣寺里，有口很不起眼的小井，它就是大名鼎鼎的"胭脂井"。这个井里曾经躲过《玉树后庭花》的陈后主和他的爱妃。遥想当年，荒淫的陈后主兵败城破，带着两个爱妃逃到这里，后有追兵，咋办？跳井！当然最后还是被找到了。在被逼得爬出来时，爱妃的口红蹭到了井口石壁上，所以这口井就被称为胭脂井，也被称为"辱井"。

【毗卢寺】

在南京，有一座身居闹市的百年古寺，离总统府不过数百米，却幽静异常。阿槑之所以要介绍这古寺，有两点。一是因为历史悠久曾经辉煌一时，当年乾隆皇帝到达南京的第一个晚上，就以香客的身份留宿；连孙中山先生也曾亲往静思。据说当时寺内有 3000 尊形态各异的鎏金铜佛，但因战火动乱下落不明。

二是因为这里可是求财的福地，要想财源滚滚，毗卢寺是你不可不去的求财圣寺！每年大年初五，迎财神这天，爷爷总会带着阿眯到毗卢寺上一炷香，保佑今年荷包满满！

【大报恩寺】

南京以前有这样一首民谣："大脚仙，咸板鸭，玄色缎子琉璃塔。""大脚仙"指的是相貌俊俏但是不缠足的女人；咸板鸭就不用说了，指的是南京的特色美食；玄色缎子指的是云锦。这最后的琉璃塔，则是指大名鼎鼎的大报恩寺塔。

飞羊物件

报恩之寺的秘密

报恩寺拱门

大报恩寺的前身是建初寺，据说这是东吴大帝孙权在金陵建的第一座寺庙。后来，永乐大帝朱棣为了纪念自己的母亲，就在原来的旧址上重建了大报恩寺。

朱棣下令重建的这报恩寺，可是完全按照皇宫的标准来建设的，总共盖了17年。朱棣自己是整座寺庙的总设计师。据说这寺庙的建筑费用总共耗费了248万两白银，阿槑粗略的换算了一下，这得近10亿人民币啊！

报恩寺表面上是报答父母的养育之恩，不过，民间有传言说，这其实是朱棣为了掩盖自己的身世之谜才建的。这个惊天的秘密就是：马皇后并非朱棣的生母。朱棣的生母是另一位地位低下的嫔妃。但因朱棣要名正言顺地继承皇位，所以伪造身世。为了权力认他人为母的朱棣，对生母心怀愧疚，便建了这座大报恩寺。这座寺庙的正殿常年不开放，据说供奉的正是朱棣的生母。

琉璃盛世之塔

　　报恩寺内最令人称奇的就是琉璃宝塔。它位列中世纪世界七大奇迹之一，被称为"天下第一塔"，在当时绝对是第一高楼，78米，相当于现代的26层楼高。宝塔全部用琉璃烧制，白日琉璃通透的绿光在太阳光下熠熠生辉，夜晚在月光之中，因塔内佛灯长明，犹如火龙，晶光闪耀。可惜的是，这座宝塔随着战火毁灭殆尽了。不过庆幸的是，原本埋藏在地宫中的佛教圣物——释迦牟尼佛顶骨舍利，被完好地保存了下来，现在珍藏在牛首山的佛顶宫中。

大报恩寺原样

大报恩寺琉璃塔

城门城门几丈高

"**城**门城门几丈高，三十六丈高，骑大马，带把刀，走进城门抄一抄，看你吃橘子吃香蕉。"这是每个南京人张嘴就能来的儿歌，也是阿呆呆从小玩到大的游戏。

南京的城墙要追溯到 2400 年前，越王勾践筑的"越城"。最终在明太祖朱元璋的大力修建下，成就了世界上最长的城市城墙，这也是为什么都叫南京的城墙为"明城墙"，因为朱元璋出的力最多。

阿呆觉得最有意思的是，从空中俯视南京城墙，你会发现，它很像一个人脸，据说就是按照朱元璋的脸模子建造的。无论故意为之还是偶尔巧合，朱元璋对南京明城墙的建设功不可没。

十三个城门抬棺材

阿呆过去听奶奶说过一个民谣："南京有三怪，龙潭的姑娘像老太，萝卜当作小菜卖，十三个城门抬棺材。"这最后一句是关于朱元璋"迷魂阵"的传说。

当年朱元璋建城墙时，共建了内外两层，内城门十三座，外城门十八座。朱元璋下葬那一天，十三个同规格的下葬队伍，抬着外表一模一样的棺材，从十三个城门同时出殡，谁也不知这十三口棺材最后抬到哪儿，也不知道朱元璋到底在哪一口棺材里面。据说是因为朱元璋怕仇人报复，所以想出了这个办法。

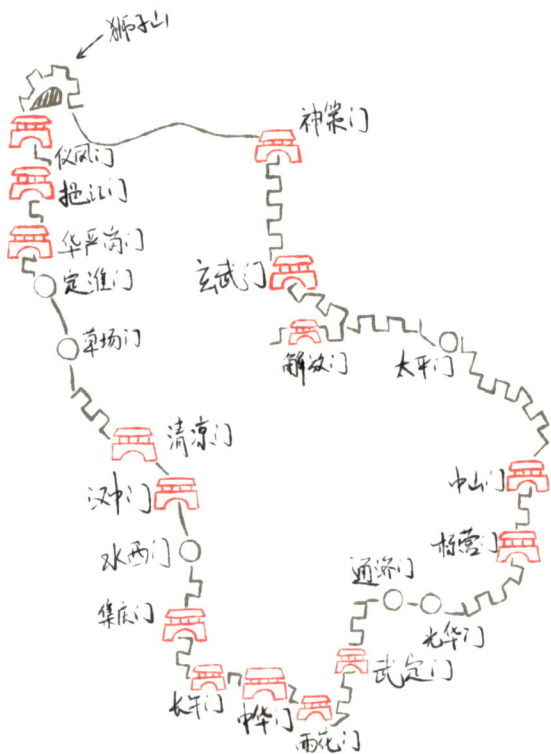

【太平门】内享太平

南京的太平门算是一座很有故事的城门。它名字的由来就很有意思。当年，明朝的"天牢"就建在这城门外边，所以在这里经常会传出囚犯的哀号声，为了不让这哀怨之气影响到城内的和谐太平，这座城门就被郑重地命名为"太平门"。

阿槑小时候经常被老妈教训"你脸皮怎么比城墙拐弯还厚啊"，意思是说阿槑知错犯错，还死不承认，有一些厚颜无耻的味道。"脸皮比城墙拐弯厚"这俗语说的就是太平门一个叫"龙脖子"的路段，这段路正好是城墙拐弯的地方，比正常的城墙厚度大数倍。

如果你到南京时正好下大雨，就可以去"龙脖子"路段欣赏一下"龙吐水"的奇观。大量的雨水会从城墙缝隙中喷涌而出，像是龙吐水，很是壮观。不过这不是城墙本身的排水系统，而是因为光绪年间修缮城墙时，搭建的脚手架在墙上留了孔，再加上地势的原因，下雨时，强大的水压就导致水从城墙缝隙中喷流出来，造就了神奇的景象。

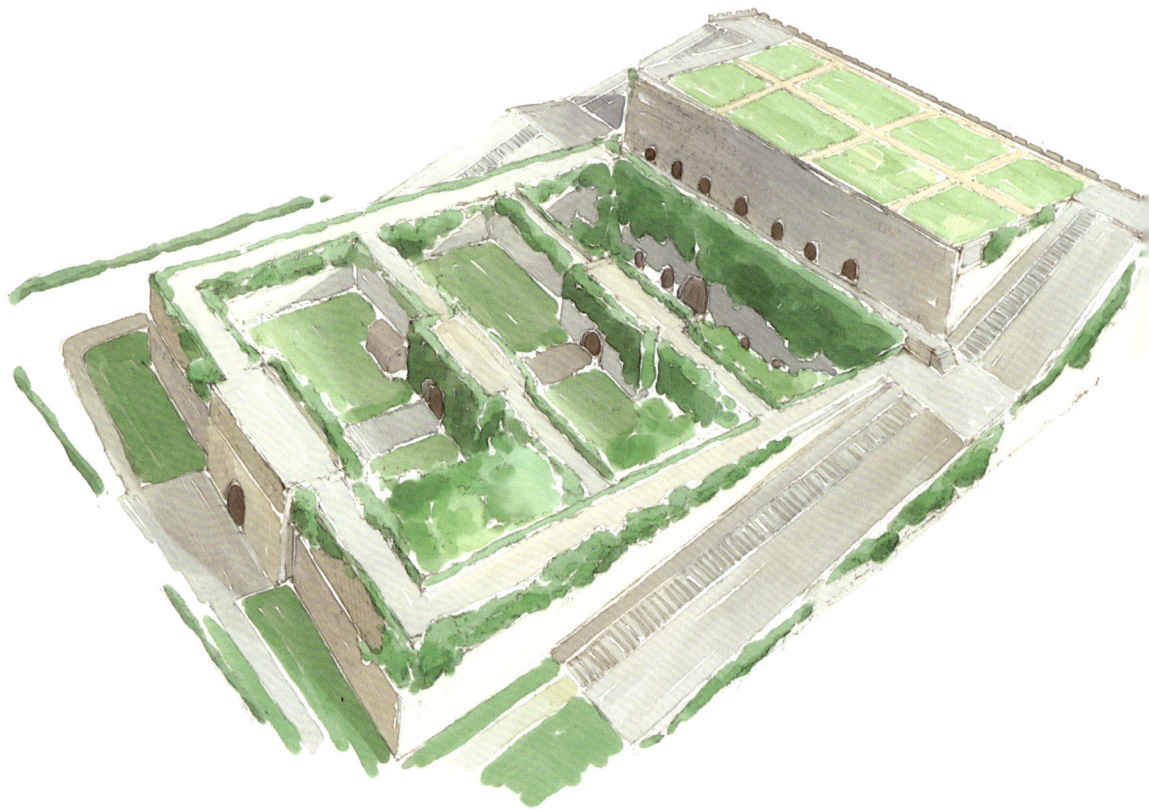

聚宝的【中华门】

中华门城堡

中华门那片区域是南京城的交通要塞，在古代，更是军事重地，所以当时朱元璋在中华门的建设上下了大手笔。中华门城堡是世界上最复杂的古城堡，也是最大的藏兵洞，有 27 个藏兵洞，可埋伏士兵 3000 人。整个城堡冬暖夏凉，阿籴小时候一到夏天就会跟着爷爷奶奶去藏兵洞避暑，绝对比空调房舒服。

"广积粮、高筑墙"是朱元璋建朝初期的主张，所以在建筑城墙时，为了杜绝烧制墙砖的官吏工匠偷工减料，他下令在每一块砖头上都要写上制造人的名字，责任追究到个人。工匠们谁都不想掉脑袋，况且效命的又是那样一个以杀人为乐趣的皇帝。如今你看这些墙砖上的名字还依稀可辨。这估计算是世界上最早的质量监督制度，所以，明城墙在650年后的今天也屹立不倒，固若金汤。

聚宝门的聚宝盆

中华门原名聚宝门，听上去珠光宝气，传说这名字是来源于一个宝物——聚宝盆。明朝初期，朱元璋正修建中华门城堡，可每次城门造到一半时，都会突然倒塌，反复建造依然不成。一个谋士就说，这城墙根基里有个怪物专门吃土，必须要埋一个聚宝盆才能镇压。碰巧的是，当时福布斯榜单第一名的人物沈万三，传言他家有个聚宝盆。正好，朱元璋本身就有些猜忌有钱的沈万三，所以，乘此机会正大光明地强征聚宝盆。一开始，朱元璋还假惺惺地承诺沈万三"三更借，五更还"，当然最后结果是没还，不过城墙也没有再倒塌。

来，借朕使使

聚宝盆

沈万三

125

福船之【通济门】

中华门有名,是因为它相对完好地保存了下来,但其实,通济门的瓮城才是"南京之最",可惜的是,通济门在20世纪五六十年代被拆毁了。

《易经》里的城门

南京有两座城门的瓮城很有意思,通济门和水西门的瓮城都做成了"船"的形状,这在全国的瓮城建筑里是独有的。据说,之所以做成船的造型,是因为刘伯温的意见。刘伯温是个很有传奇色彩的人物,风水八卦的技能很强。在建造城门时他发现,通济门正处于秦淮河内外交界处,属于易经中的"涣"卦,建造船形瓮城,一是符合地理环境,二是取意"同舟共济",激励当时刚刚稳定的大明王朝的百姓,要齐心协力、团结一心。

"龙头"东水关

在南京通济门旁，有座明代大型水利工程——东水关，是用来调节秦淮河水的水城门。南京人叫这东水关为"龙头"，内秦淮的源头。也多亏了这"龙头"，为南京这个300年间被淹40多次的多水患城市起到了强大的抗洪保障，而且至今也在发挥着作用。

九龙桥风云

每个皇帝都希望自己的王朝国泰民安，所以都以"龙"为象征。明太祖朱元璋刚在南京安家，就在通济门门口建了一座桥，起了个特大气的名字——九龙桥，希望借助龙的力量"镇住南京风水"，"锁"住大明风水，保佑大明朝的宏伟基业。康熙、乾隆南下巡游时，也都是从九龙桥进入的南京城，所以这座桥的地位非常显赫。

【清凉门】的鬼脸

南京有座清凉山，当年三国时期孙权大帝就绕着这山，修建了"石头城"。这清凉山下的清凉门，它的出名不是因为宏伟，而是因为"鬼脸"。清凉门是依山而建，所以城墙的一处墙面上，有着原来山上的岩石，其中一处正好有一块凸出的红色岩石，看上去就像一副狰狞的鬼脸。鬼脸下有个镜子塘，相传是鬼脸想出来害人时，一位仙人就用照妖镜将其罩住，为了防止它逃跑，就将镜子变成了池塘，南京人称"鬼脸照镜子"。

据说，古时打仗，有支军队夜袭南京城，结果看到这城墙上的鬼脸，加上电闪雷鸣的特效，诡异的情景直接把偷袭的军队吓了回去，也算是帮南京城解了围。不过"鬼脸城"的昵称也流传开来。反正阿槑有时晚上去那边散步，对着这鬼脸，也是有种毛骨悚然的感觉。

无情最是【台城】柳

"**无**情最是台城柳，依旧烟笼十里堤。"南京的玄武湖畔有一座台城，站在台城之上，可以俯瞰玄武烟柳风情，眺望鸡鸣寺的云蒸霞蔚。

台城有名除了它的风景美，还因为一个传言，说有个皇帝是在这里驾崩的。南朝梁武帝，在他晚年的时候，臣子起兵作乱，被叛军围困在台城里，身边只剩下一个太监。后来这个太监也要去打仗了，临走时，就把梁武帝藏在台城的门洞里，替他准备了大米和柴火。

梁武帝一个人躲在城门洞里，肚子饿想找东西吃，望着柴和生米，就是不知道怎么操作，只能饿着肚子干等。直到第四天，叛军撤退，那个太监回来看梁武帝，结果发现梁武帝已经因饥饿而亡了，而准备好的食物，仍旧原封不动地放在那儿。可怜了这颇有政绩、一世英名的皇帝，如果会点生活技能，估计也不会如此悲凉地离开人世了吧。

【中山门】

南京的中山门原来叫"朝阳门"，因为它在南京的最东边，算是最先迎接太阳的地方，所以取名朝阳门。不过后来民国时，为了迎接孙中山先生的灵柩，把原有的城楼拆了，在原址上建造了中山门。

中山门城门外有一个雕像——辟邪，是南京标志性的象征之一。金陵辟邪有名是因为保留了一尊1500余年前的南朝辟邪石刻。辟邪传说中是祥瑞的神兽，能驱走邪秽，被除不祥。

王安石的半山园

北宋名人王安石在金陵前后生活了20年，在他第二次宰相辞官之后，就在这中山门外建了自己的宅第，取名"半山园"。辞官之后的王安石清闲了许多，所以也结交了许多至交好友，米芾、欧阳修和苏东坡等名人不乏其中。后来，王安石因为改革不成郁郁寡欢，悲愤离世，也就葬在了这半山园。

太子湖传奇

以前爷爷带阿霖去中山门散步，都会去中山门脚下的一个大湖边走走。这个湖泊现在已普普通通，但是在古代的金陵城，这里却是知名景点，史称燕雀湖，也叫前湖，与玄武湖齐名。

前湖还有一个名字，叫太子湖，因为梁武帝的太子萧统传说就被葬在这里。太子萧统是个有才的人，如果顺利登上帝位应该能让南朝再往后延续一段时间，可惜，萧统31岁时在玄武湖游玩，结果落水，因惊吓过度就咽气了。

后来梁武帝就把萧统安葬在了前湖这里，据说还陪葬了两样宝物。下葬后，有个太监贪财，去把两样宝贝偷挖了出来，结果逃跑途中，突然有上万只燕雀向太监扑过来。巡城的士兵看到这个怪异景象，驱赶燕雀后盘问太监，发现他偷盗陵墓。后来再修缮陵墓时，又有万只燕雀口衔泥土飞来，投土聚积于坟上，日夜守护不愿离去，所以前湖又称为"燕雀湖"。

为了不能忘却的记忆

【南京大屠杀遇难同胞纪念馆】

南京大屠杀遇难同胞纪念馆是南京所有景点中最庄严肃穆的一个，它提醒着人们勿忘那段沉重悲痛的历史，也提醒着世人爱好和平，远离战争。

这座纪念馆的原址，是南京大屠杀时期的一个万人坑，死难同胞无数。在这个万人坑上建立的纪念馆，让人更加贴近那段历史。

这座纪念馆，为了悼念死去的苦难的亡魂，为了珍惜活着的珍贵的生命，为了忘却的纪念。每年12月13日是南京大屠杀死难者国家公祭日，在这一天南京会举行公祭仪式，全城鸣笛向死难者致哀。

家破人亡

还没走进纪念馆，远远地就看到纪念馆门口遇难同胞的雕塑群像，每一个雕像背后都有大屠杀遇难者的真实故事，描述着在大屠杀中的生灵涂炭的惨状。阿眯印象最深的雕塑是"家破人亡"，一个母亲手托着幼小儿子的尸体，绝望地看着天空，雕塑底座镌刻着："被杀害的儿子永不再生；被活埋丈夫永不再生；悲苦留给了被恶魔强暴了的妻子，苍天啊……"

人类的浩劫

史料陈列馆里，有一面巨大的墙壁，上面有五个大字："人类的浩劫。"五个字以"的"为分界，"人类白"部分是凸出的，因为人是活生生存在的，还活在地面上。"勺浩劫"是凹进去的，象征着过去的惨痛历史，被掩埋在地下，给这片土地带来了无法抹去的痕迹。这面墙无声地诉说着过去与未来。

12秒的生命

"秒"是我们感知时间最小的单位，而在侵华日军南京大屠杀进行的 6 周时间里，每隔 12 秒，就有一个生命逝去。纪念馆里有一处角落，每隔 12 秒就会响起水珠的嘀嗒声，与此同时，墙面上的一盏印有遇难同胞遗像的灯亮起来后又迅速熄灭，标志着一条生命的消失。

十字架

　　纪念馆的"标志碑"就是一个大十字架。这个十字架的设计曾几易其稿。最终设计出一个有着南京大屠杀历史元素的大十字架，上端刻着一排阿拉伯数字"1937.12.13—1938.1"。这就是大屠杀进行的那6周的时间。

和平钟

　　和平大钟钟架的设计则是一气呵成，名为"倒下的300000人"。三根黑色的三棱柱代表"3"，上部用五个褐红色的圆圈代表5个"0"，中间悬挂大钟的梁设计成一个倒下的"人"字形，寓意南京大屠杀"倒下的300000人敲响的和平大钟"。

万人坑

　　纪念馆里的万人坑遗址真实呈现了一部分受难者当时的惨状，枯骸重叠着枯骸，每个受难者都有不同的惨状，有的生前饱受凌辱，有的被活埋。阿槑不忍细看，心中被历史狠狠打了一拳。

哭墙

哭墙是遗属们祭奠的集中地，刻有 10505 名南京大屠杀遇难者的姓名。事实上，侵华日军南京大屠杀的遇难者往往没有尸体，没有坟墓，"哭墙"已经成为不少遗属们祭奠亲人的唯一所在。每到清明节，都有众多遗属到"哭墙"，通过各种方式悼念他们的亲人。纪念馆的工作人员每年都在对外收集大屠杀遇难者的名字。如果你有遇难者的信息，可以联系纪念馆，告诉他们，为一个冤魂抚平创伤。

和平广场

纪念馆的和平广场旁，种满了象征和平的紫金草。紫金草的花语是：不忘历史，珍爱和平。紫金草也寄托了中日两国共同的和平心愿。

传说在日本侵华战争中，一个叫山口诚太郎的军人从南京紫金山带走了紫金草的花籽。他怀着赎罪和不再让历史重演的心情，将花籽播种到日本的大地。今天，越来越多的日本友人怀着对和平的渴望，来到南京大屠杀遇难同胞纪念馆，悼念遇难的亡魂。

贴士：每周一是闭馆时间，国家公祭日也不对外开放。阿眯提醒大家前去参观避开这两个时间。

135

【雨花台烈士陵园】

"**为**了追求光和热，人宁愿舍弃自己的生命。"这是巴金当年在自己的作品《日》中提到的话，而雨花台烈士陵园生动地诠释了这话的内涵，当年，众多的革命者在这里流尽了自己的热血。

在雨花台，一共有三个烈士殉难处。陵园里著名的烈士群雕像就树立在杀害革命烈士最多的地方。还有两处就义原址在东面和西面，都曾经遍布了革命烈士的累累忠骸，被老百姓称为"骷上骷"。

方孝孺墓

在雨花台风景区内，有一座方孝孺墓。这个名字你可能不熟，但听完他的故事，你肯定能记住他。

电视剧里，只要把皇帝气着了，那就逃脱不了"诛九族"的命运。历史上有一个人，也是唯一一个，他进化了诛九族的历史，直接被"诛十族"，这人就是方孝孺。

据记载，诛他十族的就是永乐皇帝朱棣。当年，方孝孺是皇太子朱允灯的老师，很有威望，后来朱棣造反成功上位。当时为了服众，就想请方孝孺为他拟一份即位诏书，结果方孝孺誓死不从。所谓新官上任三把火，更何况是刚上任的皇帝。朱棣一怒之下就把方孝孺给"车裂"了，还下令诛他十族，牵连了近900人。

阿霖知道，九族是指"父族四、母族三、妻族二"，这第十族阿霖还特地查了下，原来是指关系亲近的朋友和朋友的家人。也就是如果你串过他家的门，逢年过节送过礼，那就可能成为这第十族，真是捏了把汗。

方孝孺
(1357—1402)

博物馆奇妙日

【南京博物院】

南京博物院原来叫"国立中央博物院"，1933年的时候由蔡元培倡议建设，并由他担任了第一任院长。中国各地建有很多博物馆，但能被称为"博物院"的可没几个，"院"算是"馆"里的大腕儿。

作为历史悠久的古都南京，肯定有很多的宝贝珍藏其中。博物院内还分有历史馆、特展馆、数字馆、艺术馆、民国馆、非遗馆等各种不同类型的专题展馆，这里还不定期会举办文化交流的活动，比如和埃及、非洲等国联合展览，非常精彩，有种足不出户可以看世界的感觉。

镇院之宝

每次提到镇院之宝，阿槑都有种敬畏的心情。可能是因为古代的人没有手机、电视的干扰，更能专注地去做一件事，所以在苛刻的条件下也能够创造出很多匪夷所思的东西，而在发达的现在却没有办法去实现。

在南京博物院就有很多这样的奇珍异宝，比如被奉为瓷器精品的"蓝釉描金粉彩开光转心瓶"，这是乾隆时期官窑出品的，大瓶里面还嵌有一个可以转动的小瓷瓶，这种制作工艺非常繁复，据说如今已经失传了。

错银铜牛灯

蓝釉描金粉彩
开光转心瓶

金蝉玉叶

人面兽面
组合纹玉粽

回到民国

在南京博物院有一个民国馆，阿保在这里，仿佛穿越了时光，来到民国街巷。门前停着的黄包车，老邮局，旧时的南京火车站，理发店、中药铺、书店、银楼等等，每一个细节都很"民国化"。

南北货

【南京市博物馆】

淘个宝

南京市博物馆所在地又被称为"朝天宫",在明代是学习、演练觐见天子礼仪的地方。清代末期逐渐形成了淘宝"黑市",民间称"北有潘家园,南有朝天宫",可见这是金陵的淘宝胜地。卖旧书、卖古玩的,都把货摊在地上,能不能挑到好货全凭眼力。现在的朝天宫是江南地区现存建筑等级最高、面积最大、保存最完整的古建筑群。

朝天宫的棂星门前有两条青石板,恐怕承载了南京太多人的童年。阿槑小时候每到朝天宫,都会去上面滑一滑,本该坚硬磨砂感很强的青石板,却在一代代孩童屁股的"打磨"下,变得如玉石般光滑温润。

万仞宫墙

在繁华的闹市区里,有一方红墙——万仞宫墙,将大明岁月和现代繁华窄窄地分开,却又奇妙地融为一体。因为这里在明代是教学的地方,所以竖这万仞宫墙的意思是"夫子之墙高数(万)仞,不得其门而入",是赞扬孔子知识渊博,道德文章水平非常之高。在宫门东西门楣上方,各有四个大字,东为"德配天地",西为"道贯古今",这八个大字都是曾国藩书写的。

下马碑

　　朝天宫前有一块硕大的石碑，叫"下马碑"，碑上刻着"文武官员军民人等至此下马"。这块碑文可以间接地证明，当年这里的地位非常高，所有的官员都必须在踏入这里之前下马整装。在南京，貌似只有明故宫和明孝陵有下马碑。

　　现在，朝天宫重新规划收起了门票，往日的喧哗已经渐离，剩下的是沉静之中的复古之美。喜欢传统文化的朋友们，可以借着这红墙高瓦来上一张美照。南京市博物馆有约 10 万件的文物收藏，上溯远古，下迄民国，是南京历史的见证。

　　值得一说的是，在电视剧《新白娘子传奇》中，许仙和白娘子的儿子许仕林高中状元的场景，就是在这里拍摄的。

出发，向着远方

吴风楚韵之【高淳】

六 千多年前的新石器时代，这里就有着人类活动的足迹；两千年前这里已有城郭，开凿了世界上最古老的人工运河；这里有着"吴风楚韵"的人文特色，有着慢生活的优雅闲适；这里是江南圣地，鱼米之乡；这里地高民淳，谓之高淳。

"四方宝塔一字街，倒栽柏树白牡丹。"这是高淳人都知的高淳四宝，四宝究竟有何传说，这片土地有什么独特故事，还得听阿槑细细说来。

贴士：高淳离南京市区有 100 多公里，春夏秋冬景色习俗各异，阿槑建议自驾前往更为方便

四方宝塔

四方宝塔被高淳人民颂为"四宝之魁"，是当年东吴大帝孙权为了他的母亲修建的，这目的有二：一作祝寿，二为镇邪。

祝寿大家都很明白，但是这镇邪据说很有说法。民间传说 1700 年前的某一天，孙权和下属周瑜在这固城湖上操练水师，正好孙权的老妈带着周瑜媳妇小乔来高淳旅游，结果这旅途中却摊上了一桩命案，不小心弄死了两个人，两人阴魂不散，常在孙老夫人梦中出现，喊冤告状，吓得孙母精神恍惚，寝食不安，只得要求儿子设法解难。所以，孙权就在孙母过 80 岁生日的时候，建了这座砖木结构的四方宝塔。

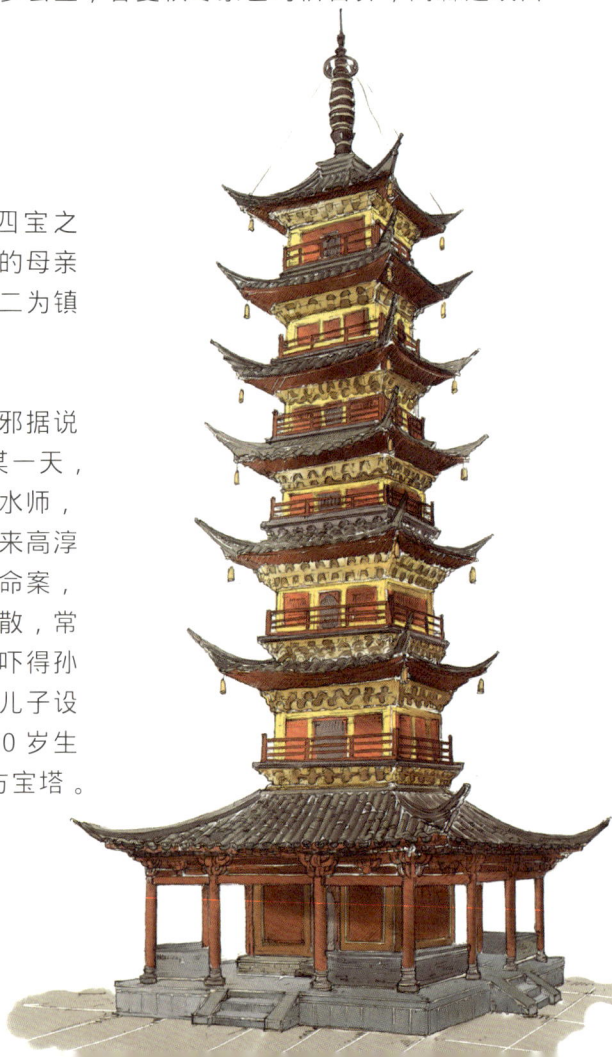

高淳老街

　　一说到老街，阿槑脑子里面浮现的就是古朴的房屋，泛着些许青苔的青石板路。高淳的老街除了古街惯有的气质，更多了份温暖的人情味儿。大清早来到这里，就能听到柴米油盐的声音。

湖底的老街

　　高淳老街不是很大，全长不足千米，所以又叫一字街。由于老街临着固城湖，所以 500 年前因为一次大水，整个高淳被淹，原来的老街沉没在了固城湖底。

　　虽然说被淹的痕迹已无处可寻，不过，阿槑可以给大家找到一个参照。在老街靠近中间的位置，一面临街的墙壁，墙壁拐弯处刻着一行小字——"公元一九八三年固城湖水位十二点五七米"。是说 1983 年，固城湖水位暴涨，淹没了现有的老街，水位高度达到 12.57 米。

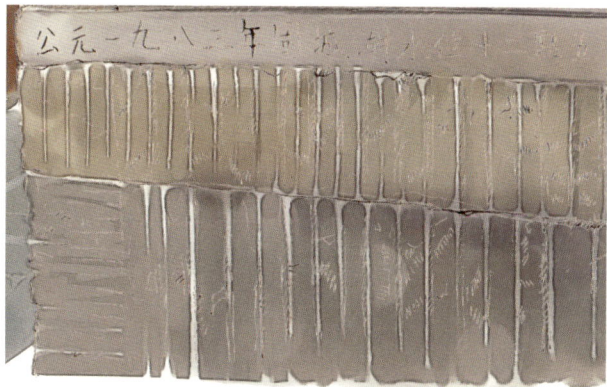

大闸蟹与河鲜

　　说到洪水，就不得不提这滋养了高淳文化的固城湖。提到固城湖三个字，估计大家都会和阿槑一样，在后面自动加上"大闸蟹"三个字。固城湖河水清洌，算得上江苏饮用水水质最好的天然湖泊之一。每到春秋两季，高淳就迎来了各种美味的河鲜。尤其是固城湖大闸蟹，这个被誉为一甲第一名夺魁天下的状元螃蟹，不仅味美鲜香，而且便宜。每到9-11月螃蟹上市的时候，高淳也会举办"固城湖螃蟹节"。阿槑都要带着全家去高淳蹓一趟，品尝一下大闸蟹、蟹黄汤包等各种螃蟹美味。如果还没到产螃蟹的季节，高淳的各种河鲜也是从不间断，大街上各种河鲜小店都把菜品铺满店前，任君选购。

　　除了河鲜，高淳的豆制品、自酿米酒、高淳青团和香鹅等都是当地的美味，作为吃货绝对不能错过。

世界第一

　　盛产如此多的河鲜，也得感谢固城湖的水源头胥河。胥河绝对是一条值得载入世界史册的河流，因为这是一条纯人工开凿的河流，比欧洲最早的运河还要早2300多年。在公元前506年的春秋时期，吴王命伍子胥开凿，虽然当时的目的是为了打仗运送粮草的，但结果却为民造福，而且一直沿用到今天。

诸葛的羽毛扇

漫步在高淳老街，你会看到很多卖羽毛扇的老店。在高淳有首叫《一百〇八码头》的民谣，里面有句"杏柄毛扇出高淳"。这高淳的杏柄毛扇明清时期可是皇家贡品，历史也能追溯到1000多年前。过去，高淳羽毛扇的制作者们都把诸葛亮尊为羽毛扇师祖，并设神位供奉。

倒栽柏树

南京高淳有个古柏镇，听名字就知道，这镇子里肯定有一棵古柏树。高淳的这棵古柏已经有1600多岁了，但最出名的不是它的年龄，而是它的长相，"凌云作势头埋地，捧日有心根向天"，这是一棵形似倒栽的柏树。简单来说，就是冒出地面的部分很像盘根错节的树根。相传，这树是晋代一位叫许旌阳的道仙无意中所栽，因为沾上了仙气，故而经久不衰。

花山玉泉白牡丹

高淳有个花山玉泉寺，是一座古韵幽然的千年古刹，因山间有珍贵的白牡丹和久旱不涸的飞泉而得名。

这里最出名的就是在寺庙的后院有一株白牡丹。一般的牡丹花花期会在春季，但这株牡丹花则在深秋初冬的寒冷季节才开放，很是奇特。

传说，很久以前有个小伙子在玉泉寺后山打柴，被毒蛇咬伤脚趾，昏死过去。恰巧神仙铁拐李云游路过，见状急忙从葫芦里倒出一粒白药丸放入青年嘴里。小伙子慢慢醒了过来，千恩万谢，却无意碰倒了葫芦，几颗药丸滚进石头缝里。铁拐李用拐棍在石头上敲敲说："洞中炼丹千年，石上开花一时。"说完拄着拐棍一瘸一拐而去。来年深秋，玉泉寺后山石缝里长出几株牡丹花，色白如雪，香气四溢。

游子山国家森林公园

　　游子山得名于孔夫子。当年孔子周游列国时,曾登上此山,可能山川的美丽、登高的情怀让离家许久的孔子有了游子思归的念头,所以后人将此山称为游子山。现在,游子山脚下有3万孔氏家族人,是除了山东曲阜之外最大的孔氏居住地。

　　游子山被称为高淳的"绿肺",也是整个高淳区的最高点。"一座游子山,千年赏游史",历史的脉络从新石器时期一直延续到民国。新石器时期有朝墩头古先遗址;春秋时期有孔子登游子山的夫子石;南朝时期"四百八十寺"之一的玉泉寺等,千年的文化,演绎着游子山的沧桑岁月。

漆桥古村

"这里这么安静，这么古朴，这才是原汁原味的古村落。"这是几乎每个去过漆桥古村的人对这里的印象。青砖小瓦石板路，排门挂落花格窗。走在"金陵第一古村落"漆桥古村，仿佛时光在倒流。

村落周边聚集了3万多名孔子后裔，从南宋时期迁到漆桥的是孔子第54世孙孔文昱，至今已达84世左右，是孔子后裔较大的居住地之一。

古村中有一条长500米，近2000年历史的老街巷，汉代古桥、宋代古井、明清建筑历历在目，最老的房子建于元朝，在南京地区可算是独一无二。老街上什么都是老的，老式竹篾匠、老式豆腐作坊、穿着对襟衣服的老人、老手工木雕艺人，尽显古朴典雅之美。

现在，漆桥古村以慢食文化作为主题，各式特色小吃将美食享受和文化体验巧妙地融于一体，这让作为吃货的阿孔文昱可算是饱了口福。青团、麻花、豆腐干、麻饼、糖包子等这些令人垂涎的传统民间美食，都可以循着漆桥老街的悠久古韵一起回味！

149

桠溪国际慢城

　　过惯了城市紧张喧嚣的快生活，周末闲暇时光，阿孔文昱喜欢和朋友去高淳的桠溪国际慢城。品一口心灵鸡汤，彻底地放松自己，在这个汽车限速20公里的慢城里，也许连空气流动都是缓慢的。

　　桠溪国际慢城是中国第一个被国际授予慢城称号的地方，3、4月份到慢城正值这里国际金花节的举办，成片的金黄的油菜花明媚鲜艳，远处农家徽派建筑的白与近处油菜花的黄交相辉映，无边的美景带来浓郁的春天的气息。

　　即使不值金花之际，慢城也有很多高淳本地的民间文化可以欣赏。高淳是全国民间艺术之乡，近百种的特色文化在这里流传着，马灯、龙灯、跳五猖、踩高跷、打罗汉、荡旱船、出抬阁、狮子舞、采菱舞、蛙精舞、赛龙舟等。说不定你在悠闲赏花之际，就能听到远处悠悠传来的高淳老调，配着鸟鸣和花香。

　　在慢城里，值得闲逛的地方也很多，大官塘、荆山竹海，还有中博影视基地，章子怡、张柏芝等众多大腕儿在这里演绎银幕里的浪漫生活。

　　总之，慢城的四季，你不用来得太早，不要走得太快……

胭脂美人之【溧水】

南京溧水区有一条胭脂河，这是当年朱元璋为了沟通江浙漕运开凿的人工运河。因为这里奇峰倒挂，怪石林立，被人们称为"江南小三峡"。这条人工运河完全是靠上万民工以生命为代价，硬生生在山上开凿出来的。仔细观察两边的河道岩壁，你会发现上面有许多大小不一的洞，这是当年民工为方便攀登而凿的。不过阿槑听说另外一个说法，当时修筑河道时由于地势陡峭，民工们又辛苦又害怕，所以为了发泄心中的愤怒，他们就在岩壁上凿了72个洞来讽刺朱元璋脸上的72颗麻子。

天生桥

151

茉莉之乡【六合】

南京的六合区也是一个历史悠久的地方，早在西周就已经建立了城邑，在古代可以是说兵家必争之地。

好一朵茉莉花

六合区的北边有一个金牛湖，是南京最大的人工湖。说金牛湖估计知道的不多，但是阿荣要是说到经典民歌《好一朵茉莉花》，估计全中国应该没有人不知道的。这首歌不论是知名度还是流传度都可谓位居中国榜首。而这首歌的创作地就在六合的金牛湖。据说是1942年冬天，一位新四军战士在金牛山下采风时，恰好听到了一位农民在唱这个曲调，于是记录了下来，进行了加工和改编，传唱至今。现在在金牛湖景区里还有一个《茉莉花》的采风纪念碑。

天赐国宝雨花石

相传南朝梁武帝时，有个叫云光的高僧在金陵设坛讲经说法，感动了上苍，并为其降落雨花。这些雨花落地后便成了五彩缤纷的雨花石，而每颗雨花石都讲述着不同的故事。

六合区的灵岩山里，有一处叫玛瑙涧的地方，这里被称为是雨花石最早最正宗的产地。

十朝京畿之【江宁】

"**六** 山一水三平原"，牛首山、汤山温泉、将军山、方山、阳山碑材……阿槑觉得大家可能至少听过其中一个景区吧。南京的江宁区是古代"十朝京畿"要地，也是现在旅游的好地方。

来汤山，泡一个

江宁的汤山温泉是知名的泡温泉的地方，一入冬，阿槑一家就会去温泉里游一游泡一泡，让身心都温暖一冬。汤山温泉在1500百年前被皇帝封为"圣泉"，是皇家御用的温泉，平民百姓只有眼馋的份儿。泡温泉的好处阿槑就不多说了，反正传说南北朝时，有位太后用这里的泉水治好了身上的皮肤病，所以这里才被皇帝封为圣泉。

汤山里有处蒋介石、宋美龄专用的温泉别墅，原名"陶庐"，原本是一处私人温泉别墅，后来被转赠给了蒋介石。南京失守之前，蒋介石和宋美龄时常会在这里修养，日军攻占南京的时候，据说被炮弹炸毁了，直到1949年以后才慢慢恢复了生机。

被遗弃的地方

阳山碑材是一个被天子遗弃的地方。巨大冰凉的岩石,透露出一种无言的沧桑。

当年,明成祖朱棣称帝之后,为了稳定政局笼络人心,决定要立一个巨型的石碑,向百姓表明他对朱元璋的孝心,歌颂自己父亲的功德。他征集了万余工匠依阳山开凿了碑材。据说这碑有3.1万吨重。可惜的是,石材都已成形,但最终被打入冷宫,遗弃在这里。百姓间有两种说法,一说朱棣已经准备迁都北京,立不立这碑好像没多大用处,所以就不做了;还有一说因南京地理与气候的限制,用古代的滚木与冰运的方法,也没办法把这大家伙运送出去,所以最终选择了放弃。

南京人的祖先

在 2005 年,一个下过雨的清晨,一对夫妇在汤山葫芦洞采石头时,意外发现了几块长相怪异、形如牙齿的石头。后来经过专家测定,大致确认是 60 万年前的女性猿人化石,而且是个大眼睛高鼻梁的漂亮潘西(潘西 = 美女)。汤山猿人洞就在汤山镇,里面展示了很多猿人生活的场景,还有很多古动物化石。

神虎刨泉

在江宁区的东山，有一处名列古金陵四十八景。这里松竹繁茂，水质清冽，云蒸霞蔚，气象万千，人称"虎洞明曦"。至于它的来历也和老虎有关。

有一年，大旱

老天快点下雨吧

突然山上下来一只五彩老虎，并不停地刨地

救命阿！

我去！老虎！

几天后，村民又来到老虎刨地的地方

哇哦！有水啦！哈哈哈……

神虎显灵啦！神虎显灵啦！

【老山】的故事

宋 武帝、梁武帝、昭明太子、韩熙载、王安石、苏轼、朱元璋、李鸿章……众多的名人都在老山游山玩水过。老山是个好地方。

狮岭雄姿

　　阿槑发现，古代金陵四十八景里，山川最是招人喜爱，老山内的狮子岭就是其中之一。说它雄姿是因为一个传说。据民间相传，地藏菩萨在老山这里坐了一夜，离开后，后山石头可能受到了菩萨的感染，从地下訇然而起，变成了一座形态很像狮子的大山，所以这里就叫狮子岭。

　　在狮子岭古径深幽处，有一座建于明代的寺庙——兜率寺。清末民初的时候，兜率寺香火旺盛，被各方僧侣奉为佛门不可多得的修行圣地。

千年银杏

　　在老山附近的惠济寺也是一座千年古刹，始建于南朝，这里最出名的就是有稀世珍宝——3棵千年古银杏树。相传，这树是当年南朝太子萧统在这里读书时亲手种植的。这3棵超过1500岁的银杏树上，还长有罕见的树乳。作为曾经与恐龙共呼吸的古老树种，这3棵银杏也发挥了顽强生命力，在经过了从古至今历次战火的摧残，寺庙都不知重建了多少回之后，仍然屹立不倒，而且直到现在，结出的果实没有苦涩之心，算是银杏中的珍品。

珍珠泉里无珍珠

南京的珍珠泉在古代就是名噪一时的旅游胜地,明朝的时候就建立了风景区,供各路游人玩耍。当然那时候只是看看沿路风景,吟一吟诗句,现在的珍珠泉你可以约上好友三五人去野餐,去烧烤,去划竹筏,各种的现代娱乐充满情趣。

所谓珍珠泉,就是只要你在池边拍手、跺脚或是放声大喊时,一串串的气泡就会像珍珠一样从泉水底涌出。当然,依据现代科学的解释是因为泉水位置正好处于地质断层,当周边环境发生振动时,断层里的气体会外排而出,也就形成了气泡。

不过,这类事件还是有些神话传说的色彩,才会有意境。传说,千年前这里住着一条白龙,它无意间发现,虽然珍珠泉水质清洌可口,但由于被一个大财主霸占,给钱才能给水,附近的百姓只能去很远的地方挑水度日。小白龙看他们实在辛苦,就悄悄地在晚上帮百姓的水缸里注满水。断了财主的财路还得了,大财主请了个巫师,大战数百回合后,将白龙双目刺瞎,压在了珍珠泉下。据说,珍珠泉源头就是白龙的龙头所在,冒出的气泡是白龙在水下呼吸。

阿槑的来斯团队

Original Design

总策划 - 金立峰

主视觉 - 罗杰

文字编辑 - 费雪倩

原画设计 - 童仕阳

原画设计 - 汪梦嘉

原画设计 - 陈雨佳

原画设计 - 吴伟

排版设计 - 方佳卉

原画设计 - 蔡婷